古代東アジアと文字文化

国立歴史民俗博物館
小倉慈司 編

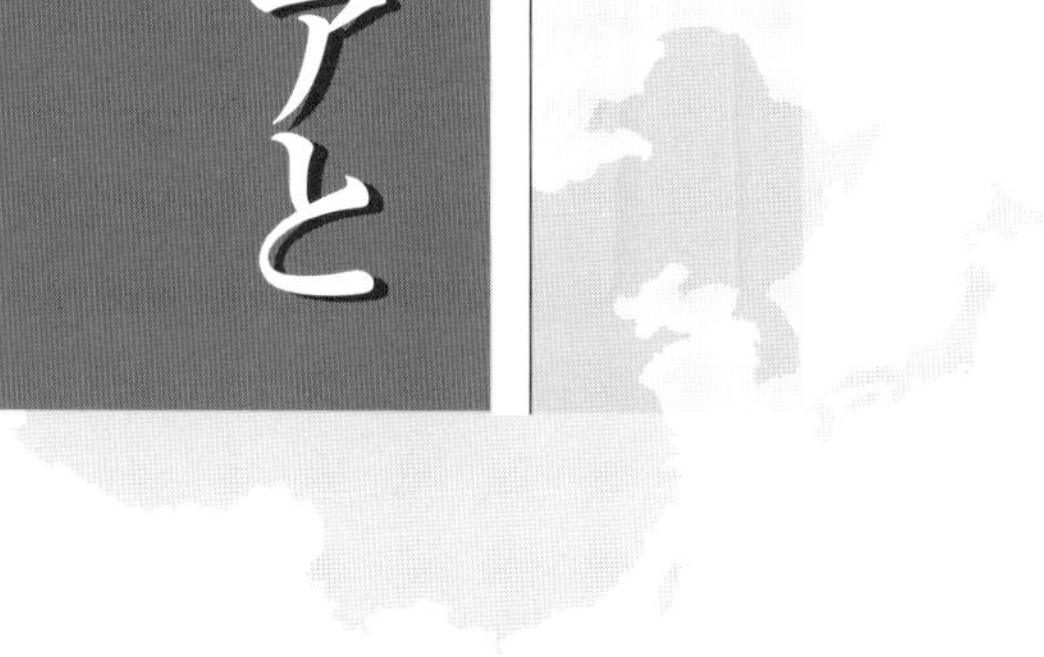

同成社

はじめに

古代以来、日本語において漢字はそこから切り離せないものとなっている。ひらがなやカタカナといえども漢字から生み出されたものであり（ひらがなは漢字をくずした書体がもととなっており、カタカナは漢字の一部を用いて音を表したのがもととなっている）、漢字と無関係ではない。将来の日本語がどのように変化していくのかはわからないが、少なくともまだ当分の間は、現在の漢字仮名交じり表記が続いていくことであろう。

この漢字は言うまでもなく中国で誕生したものである。殷の時代、紀元前十四世紀から十一世紀頃にかけて用いられた甲骨文字がおおもととなってやがて漢字が創り出され、紀元前三世紀、秦の始皇帝によって小篆と呼ばれる篆書の字体が定められて、漢字の字体の統一が図られた。

しかしそれがすぐに、また直接に日本列島にもたらされたわけではない。一世紀には「漢委奴国王」の印文を持つ金印が後漢より授けられており、貨泉や青銅鏡などの出土からも日本列島に漢字が伝わっていたことが判明するが、コトバを伝えるものとして使用されていたとは考えられない。二世紀には列島内から文字を刻んだ土器が出土するようになるが、これもまた記号・符号として用いられたものと見られ、漢字を使って意思疎通を図る段階には達していなかったと考えられる。

本格的な漢字文化の伝来については、『日本書紀』に次のような伝承が記されている。

応神天皇十五年に百済王が阿直伎《あちき》を遣わして良馬二匹を送ってきたので、軽坂の上に馬小屋を設け、阿直伎に馬の飼育をさせた。阿直伎はまたよく経典を読むことができたので、太子ウジノワキイラツコが師とした。天皇が阿直伎にお前よりすぐれた博士はいるだろうかと尋ねたところ、阿直伎は王仁《わに》という人物を推薦した。そこで使者が遣わされ、翌十六年に王仁がやってきた。ウジノワキイラツコは王仁より典籍を学んだ。

王仁が伝えた典籍は、『古事記』によれば『千字文』と『論語』であるという。『千字文』とは六世紀前半に中国梁の武帝の命により周興嗣が編んだという漢字学習書であるが、それ以前にも別の『千字文』が存在したとする説もある。『論語』は孔子の言行録で、ともに古代における初学者向けの学習書である。

このように朝鮮半島の国百済から書籍がもたらされたとの伝承が古代から広く知られていたが、実際にどうであったかというと、日本国内はもとより韓国においても七世紀以前の文字資料が限られていたために、充分に裏づけることができず、これまで理解が深められることはなかった。その理由の一つには「漢字のふるさとは中国」という意識が強かったこともあるであろう。

ところが、韓国で一九七〇年代以降、五～七世紀代の石碑が相次いで発見され、さらに九〇年代末からは日本の木簡のルーツとなるような木簡が次々と発見されるなど、朝鮮半島の古代文字文化の様相が次第に明らかになってきた。一方、日本国内においても、文字を使って政治が進められるようになった七世紀代の木簡が数多く出土するようになり、それぞれの文字文化をつなぐ資料が姿を現しはじめた。このような流れをうけて、日本と韓国の研究者の間で古代文字文化に対する関心が高まり、両国間において様々な研究協力や学術交流が進められるようになってきたのである。その結果、『日本書紀』の伝承が全くの創作というわけではなく、古代の日本列島における漢字文化形成に朝鮮半島の漢字文化が深く関わっていたことが明らかになりつつある。

このような研究状況を広く社会に紹介するものとして、国立歴史民俗博物館では二〇一四年に韓国国立中央博物館・韓国国立文化財研究所・韓国国立海洋文化財研究所との共催により、国際企画展示「文字がつなぐ―古代の日本列島と朝鮮半島―」展を開催し、期間中の十一月一日には、第九五回歴博フォーラム「古代東アジアの文字文化交流」を開催した。当日の報告内容は以下の通りである。

趣旨説明　小倉慈司
報告一「中国秦漢・魏晋南北朝期の出土文字資料と東アジアの文字文化」　安部聡一郎
報告二「古代韓国の木簡文化と日本木簡の起源」　李　京燮
報告三「漢字文化と渡来人」　田中史生
報告四「正倉院文書の世界―公文と帳簿―」　仁藤敦史
報告五「文字がつなぐ古代東アジアの宗教と呪術」　三上喜孝
報告六「古代の「村」は生きている」　平川　南
報告七「高麗木簡からみた朝鮮半島の文字文化」　橋本　繁

企画展示のテーマは多岐にわたるものであったが、フォーラムではそのうちのいくつかを取り上げ、また展示を補うものとして、中国出土文字資料の報告を盛り込んだ。本書はこのフォーラムの報告内容をもとに、より広くわかりやすく伝えることを目的として再構成したものである。

もとより漢字文化は現代、そして未来にもつながる大きな問題である。本書を糸口としてさらに関心を広げていただければ幸いである。

二〇一五年十二月

小倉慈司

目次

古代東アジアと文字文化

日本列島の遺跡地図

サクシュコトニ川遺跡（北海道札幌市）
大川遺跡（北海道余市町）
秋田城跡（秋田県秋田市）
伊治城跡（宮城県栗原市）
台遺跡（山形県長井市）
多賀城跡（宮城県多賀城市）
道伝遺跡（山形県川西町）
那須国造碑（栃木県大田原市）
箕輪遺跡（新潟県柏崎市）
多胡碑（群馬県高崎市）
加茂遺跡（石川県津幡町）
稲荷山古墳群（埼玉県行田市）
和田山23号墳（石川県能美市）
五斗蒔瓦窯跡（千葉県栄町）
金印出土地
（福岡県福岡市志賀島）
城山遺跡（千葉県横芝光町）
庄作遺跡（千葉県芝山町）
稲荷台１号墳（千葉県市原市）
西原遺跡（千葉県袖ケ浦市）
大月遺跡（山梨県大月市）
平城宮跡（奈良県奈良市）
元興寺（同上）
石上神宮（奈良県天理市）
飛鳥池遺跡（奈良県明日香村）
隅田八幡神社（和歌山県橋本市）
宇治橋断碑（京都府宇治市）
江田船山古墳（熊本県和水町）
浄水寺（熊本県宇城市）
三雲遺跡群（福岡県糸島市）

朝鮮半島の遺跡地図

広開土王碑（吉林省集安市）
集安麻線高句麗碑（同上）
磨雲嶺碑（咸鏡南道利原郡）
黄草嶺碑（咸鏡南道咸州郡）
北漢山碑（ソウル特別市）
二聖山城（京畿道河南市）
中原高句麗碑（忠清北道忠州市）
丹陽・赤城碑（忠清北道丹陽郡）
蔚珍・鳳坪碑（慶尚北道蔚珍郡）
迎日・冷水里碑
（慶尚北道浦項市）
浦項・中城里碑
（同上）
貞柏洞364号墳
（平壌市楽浪区域）
南井里116号墳
（同上）
桂陽山城（仁川広域市）
青磁運搬船・
馬島1～3号船
（忠清南道泰安郡）
月池（雁鴨池）（慶尚北道慶州市）
壬申誓記石（同上）
月城垓子（同上）
伝仁容寺址（同上）
皇南洞（同上）
南山新城碑（同上）
明活山城碑（同上）
武寧王陵（忠清南道公州市）
宮南池（忠清南道扶余郡）
双北里（同上）
官北里（同上）
陵山里寺址（同上）
永川・菁堤碑（慶尚北道永川市）
大邱・塢作碑（大邱広域市）
昌寧碑（慶尚南道昌寧郡）
弥勒寺址（全羅北道益山市）
城山山城（慶尚南道咸安郡）
伏岩里（全羅南道羅州市）
茶戸里（慶尚南道昌原市）

※ 中国の遺跡については37頁参照。

漢字文化と渡来人

――倭国の漢字文化の担い手を探る――

田中史生

はじめに――「漢字文化圏」としての「東アジア世界論」の課題――

列島古代における漢字文化の受容のあり方には、国際関係、なかでも政治的主体間で繰り広げられる外交の影響が大きい。漢字文化が、列島古代の諸社会にとってはその「外」からもたらされる文化であり、かつこれを最初に受容したのが支配者たちだったからである。

この構造的特質を明快に論じたのは、中国史学者の西嶋定生であった（西嶋定生『古代東アジア世界と日本』李成市編、岩波現代文庫、二〇〇〇年参照）。西嶋によれば、「漢字文化圏」として立ち現れる「東アジア世界」は、国際政治上圧倒的パワーを誇った中国を中心に、冊封体制という特殊な政治関係、政治秩序によって、漢代以降つくり上げられたという。冊封とは、中国国内の臣（内臣）に対する爵位の制度が、中国周辺諸国の君長にも適用されたもので、例えば、邪馬台国の卑弥呼が魏に使者を派遣し「親魏倭王」に任命されたように、そうした君長にも「王」「侯」などの爵位が与えられ、中国皇帝の臣（外臣）

に位置付けられていった。中華思想に裏付けられたこの中国の王朝を中心とする国際的な君臣関係では、相互の意志伝達に漢字を用いることが求められる。そのために、冊封を受けた周辺諸国に漢字の受容が必須となり、さらにその範囲に、漢字を媒介として儒教・仏教・律令法といった中国の文化・思想・制度も伝播したというのである。

以上の西嶋の東アジア世界論は、一九六二年の西嶋自身による冊封体制論を土台に、一九七〇年から提唱されたものである。それから現在までの約半世紀、東アジア世界論は日本の歴史教科書の筋書きにも取り入れられるほどの影響力を持つようになった。しかし一方で、歴史学界では、西嶋以後の実証的な研究の進展によって、様々な問題点・課題も明らかにされている。漢字文化の広がりが冊封体制だけでは説明できないという指摘は、その一つである（李成市『東アジア文化圏の形成』山川出版社、二〇〇〇年）。

例えば古代日本の漢字文化の受容と展開をみても、倭国が儒教や仏教と律令法を本格的に導入する六世紀と七世紀後半、中国との外交関係はむしろ途絶えていた。この間、倭国が積極的に交流を行っていたのは、百済・高句麗・新羅といった朝鮮半島諸国である。近年、日韓で出土する七世紀以前の木簡の比較検討によって、両地域の漢字文化の共通性も明らかとなってきた。日本列島への漢字文化の伝播も、冊封体制論とは別の視角からの捉え直しが必要となっている。

以上の課題に対し、本稿が注目したいのは、漢字文化を実際は誰がどのような契機やルートで日本列島にもたらし、また定着させたかという問題である。出土文字資料を待つまでもなく、『日本書紀』（以下『書紀』と略す）などの編纂史料には、朝鮮半島からの渡来人が文字文化の担い手として数多く登場し、古代日本の漢字文化における朝鮮半島の役割の重大性を様々に示唆している。ところが、東アジア史を規定する国際秩序の構造論に注意をはらう東アジア世界論に、この点はあまり組み込まれなかった。けれども漢字文化の運び手、担い手を明らかにすることは、日本列島への漢字文化の伝来と深化が、実際は何を契機、背景としたものであったかを具体的、歴史的に示すものとなるはずである。そこで本稿では、近年研究のすすんだ日韓の出土文字資料にも留意しながら、倭国時代の漢字文化の担い手であった渡来人の実態と、その様態の史的変遷を追い、漢字文化伝来の契機および画期と、各期の倭国漢字文化の特質について検討してみたい。

一　楽浪郡・帯方郡時代の倭国の漢字文化

日本列島への漢字文化の伝播は、紀元前一〇八年の前漢武帝による朝鮮半島の郡県支配が最初の画期となった。これにより朝鮮半島に配置された漢の官吏が、簡牘（竹簡・木簡）や封泥の印などを用いた中国式の文書行政を持ち込んだからである。

武帝は当初、楽浪・真番・臨屯・玄菟の四郡を設置した。このうち、真番・臨屯・玄菟の三郡はその後撤退・縮小を余儀なくされたが、現在の北朝鮮の平壌を中心とした楽浪郡は、他郡管轄県の一部を吸収しつつ、漢の東方進出の前線基地として成長する。平壌市貞柏洞三六四号墳から出土した「楽浪郡初元四年県別戸口統計簿」木簡には、楽浪郡管轄下の二五県について、紀元前四五年の戸口数と前年度からの増減が記され、前漢の地方支配の文書行政システムが楽浪郡にもそのまま適用されていたことが知られる（李成市「東アジアの木簡文化」『木簡から古代がよみがえる』岩波新書、二〇一〇年）。『漢書』地理志燕地

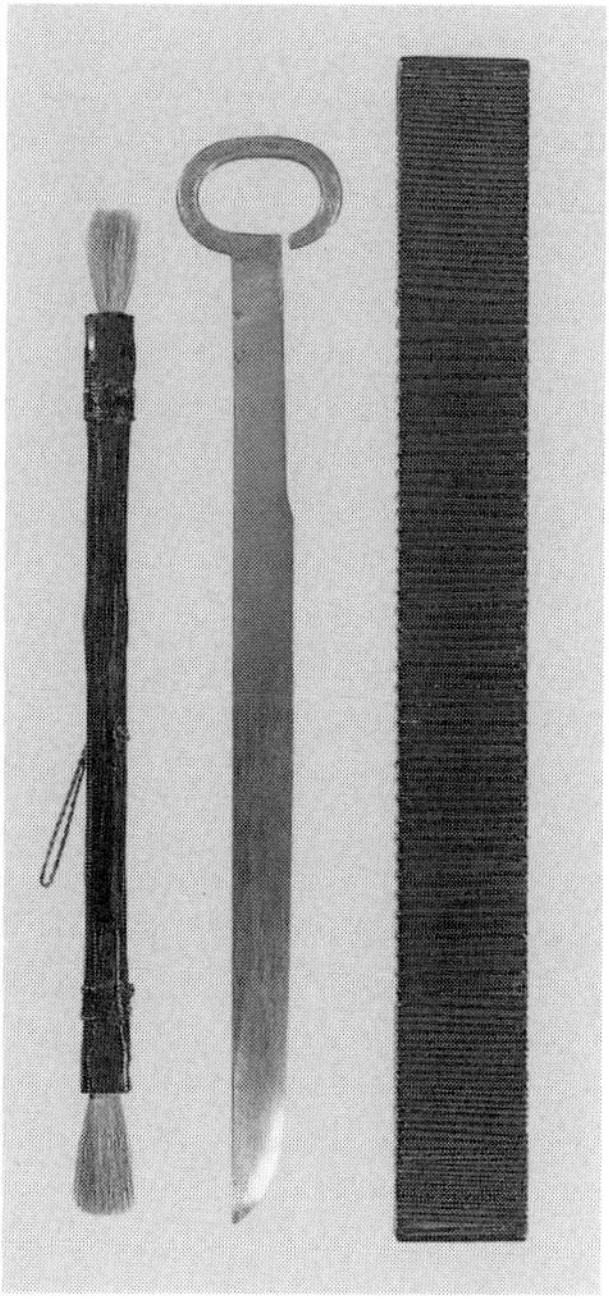

図１　茶戸里１号墳出土筆・刀子　複製

条によれば、楽浪郡設置当初、殺人・傷害・窃盗に関する「犯禁八条」の法令により、郡内の朝鮮の民の秩序は保たれたが、中国の文化的影響と、中国の官吏や商人の往来の激化で、秩序の乱れがみられるようになり、設置から八〇年ほど経つと法令の条文は七倍以上に膨らんだという。

楽浪郡の影響は、郡外南方へも及んだ。なかでも漢字文化との関係で特に注目されるのは、朝鮮半島東南端の加耶地域に属する韓国昌原市茶戸里一号墳から、紀元前一世紀頃の漢式遺物とともに両端に筆毛のついた筆と、漆の鞘に入った鉄製の刀子が出土していることである（図1）。刀子は筆で簡牘に記した文字を削り取るのに用いられたとみられる。一号墳は茶戸里の墳墓群の中でも上位階層のもので、地域の有力層は、漢字文化も受容して楽浪郡との直接交渉をすすめ、郡から漢式の文物を入手し、自らの威信を高めていたことがうかがわれる。

またこの茶戸里遺跡は、倭人社会の東アジアとの接点を考える上でも重要な遺跡として知られている。遺跡からは、鉄鉱石や、鉄素材としても使用される鋳造鉄斧、板状鉄斧、さらに北部九州産の銅矛や弥生土器なども出土し、当地が朝鮮半島と日本列島を結ぶ鉄交易の拠点でもあったことを示しているからである（朴天秀『加耶と倭―韓半島と日本列島の考古学―』講談社選書メチエ、二〇〇七年）。実際、加耶南部と交流関係の深い北部九州の有力な遺跡では、朝鮮半島系の遺物だけでなく、漢式の遺物も豊富である。なかには、漢字の記された貨泉や銅鏡もあって、楽浪郡設置以後、倭人が漢字を目にする機会も格段に増えていたことがわかる。朝鮮半島に楽浪郡の影響が及ぶと、倭人支配層も、漢字文化の刻印された漢式のモノを、自らの権威を高める威信財として受容しはじめたのである。

そして、倭人社会が中華王朝との交渉を本格化させるのも、このころからであった。それを端的に示すのが、『漢書』地理志燕地条の「夫れ楽浪海中に倭人あり、分かれて百余国と為る。歳時を以て来たりて献見すと云う」という記述である。漢と倭人との交流が楽浪郡を起点に記されたように、交渉は楽浪郡を介してのものであった。また交流を求める倭人とは、いくつかの「国」の首長たちであった。そうなると、西嶋も指摘するように、彼らにはある程度の漢字文化の理解が求められることとなる。志賀島で発見された「漢委奴国王」と陰刻のある金印は、そのことをうかがわせる著名な遺物である（図2）。

図2　志賀島出土「漢委奴国王」金印　複製

当時の中国官印は、官職・品級の序列に応じて印や綬（紐）の材質等を区別した官職印で、その所有自体に身分表象の意味があった。このため、漢との通行関係を深める周辺国の支配者たちも、その意味を理解するようになると、中華王朝の支配秩序を利用して自らの地位と権威を示そうと、中国官印を求めるようになったのである。中華王朝と交渉を持った倭人社会もその例外ではなく、『後漢書』東夷伝によると、後漢時代の建武中元二年（五七）、朝貢してきた「倭の奴の国」に光武帝が「印・綬」を与えている。志賀島の金印は、まさにこれにあたるとみられ、印面の一辺は後漢代の一寸（二・四センチ）と合致する。鈕（つまみ）は蛇をかたどっているが、これはもともと駱駝の形であったものを改変したらしく、その形式も後漢代のものとみて矛盾がない（大塚紀宣「中国古代印章に見られる駝鈕・馬鈕の形態について」『福岡市博物館研究紀要』一八、二〇〇八年）。奴国の中心部と目される福岡県春日市の須玖岡本遺跡群では、朝鮮半島との交流をうかがわせる鉄器や青銅器の生産工房跡が確認されるとともに、紀元前一世紀前後の中国鏡も多く出土し、奴国と後漢との交流を裏付けている。

その後、後漢末期の二〇四年、楽浪郡の南に帯方郡が置かれるが、中華王朝の力に陰りがみえても、中国官印はなお首長たちの羨望の的であった。『魏志』韓伝によると、公孫氏から帯方郡・楽浪郡を奪った魏は、諸々の韓国の首長層に地位に応じて邑君や邑長の印・綬を与えたが、韓人のなかには自ら印・綬を用意する者も多かったという。韓国慶尚北道尚州市出土とされる「魏率善韓佰長」銅印は、こうした郡との通行関係のなかで入手されたものであろう。

『魏志』倭人伝によれば、三世紀の前半、この帯方郡を介して魏に朝貢した卑弥呼も、「親魏倭王」の称号とともに「金印・紫綬」を賜与された。この時は、卑弥呼の派遣した使者にも官爵とともに「銀印・青綬」が与えられている。また魏からの文書は、賜与された品々とともに厳重に管理され卑弥呼に渡されたという。卑弥呼の王権は、中華王朝から与えられる印だけでなく、外交文書も重視していた。

しかも「倭王、使に因りて表を上り」とあるように、卑弥呼は魏に対し上表文も奉呈したらしい。倭人から中国への外交文書の奉呈は、まさにこれが史料上の初見となる。ただし『晋書』宣帝紀は、これを「訳を重ねて貢を納める」と記していて、卑弥呼の上表文は、倭の外交意図を帯方郡が文書化した可能性が疑われている（河内春人「東アジアにおける文書外交の成立」『歴史評論』六八〇、二〇〇六年）。それは『魏略』という中国の史書の逸文が、三世紀の倭人は中国的な暦を知らなかったと記していることとも通じるだろう。魏の冊封を受けた卑弥呼の王権に、文書の授受をともなう魏との交流において、中国の暦に関する知識はある程度伝えられていたはずだが、これを自らが作文した文書で使いこなすほどの理解はすすんでいなかったとみられる。つまり卑弥呼の王権は、中華王朝との間の外交文書の重要性を強く意識したが、外交文書を作成できるほどの高度な文字技術も、それを使いこなす文字技能者も、まだ保持していなかった可能性が高いということになる。

しかも、楽浪郡・帯方郡時代における倭人の漢字文化の利用の痕跡は、郡を介した中華王朝と倭人首長層との交渉にかかわるものを除けば、一字程度の記号的な文字が記された土器片などに限られる（図3）。このことは郡県支配時代の倭人社会が、漢字文化を政治・制度・思想に及ぶ体系的な文化としてではなく、中華王朝への接近によって自らの地位と権威を高めるための道具、象徴、あるいは吉祥的な意味を持つものとし

図3　福岡県三雲遺跡出土「竟」刻書土器

て、いわば〈文明の記号〉として限定的に受容していたことを示すものだろう。

二　漢字文化の拡散と中国系人士層

以上、朝鮮半島・日本列島が楽浪郡・帯方郡の影響下にあった時代は、四世紀に入ると一変する。非漢族を中心とする諸族が洛陽を都とした漢族政権の晋（西晋）を江南に追い（東晋）、華北が五胡十六国の分立興亡時代に突入すると、晋の治下にあった楽浪郡・帯方郡が孤立し、三一三年に高句麗によって滅亡したからである。こうして朝鮮半島の郡県支配は終焉するとともに、勢いを増して南下政策をとる高句麗に対抗し、百済と倭国の同盟関係などが形成されていった。

この時代の朝鮮半島と日本列島の漢字文化に重要な役割を果たしたのは、中国系の知識人たち、いわゆる中国系人士層である。彼らは華北の争乱と楽浪郡・帯方郡滅亡を契機に、朝鮮半島に亡命・流入した中国系の人士、およびその子孫たちで、高句麗や百済に包摂されると、その知識で両王権の成長を助けた。彼らは中国的な一字姓を持ち、墓誌・墓塼銘などに東晋の年号・称号を用いるなど、晋回帰の志向が強かったこともよく知られている（武田幸男『高句麗史と東アジア』岩波書店、一九八九年）。ここで特に注目されるのは、四七八年の倭王武の宋への上表文と四七二年の百済王慶の北魏への上表文が、いずれも中国典籍の表現を広く活用しつつ、特に晋代の語句用例を強く意識・参照して作成されていることである（図4）。四二五年の倭王讃の遣宋使では、中国系とみられる曹達が宋朝に表を奉呈していて、中国系人士層は同盟国の百済などを介して倭国にも渡来し、王権の外交や文書作成にかかわったとみられる（田中史

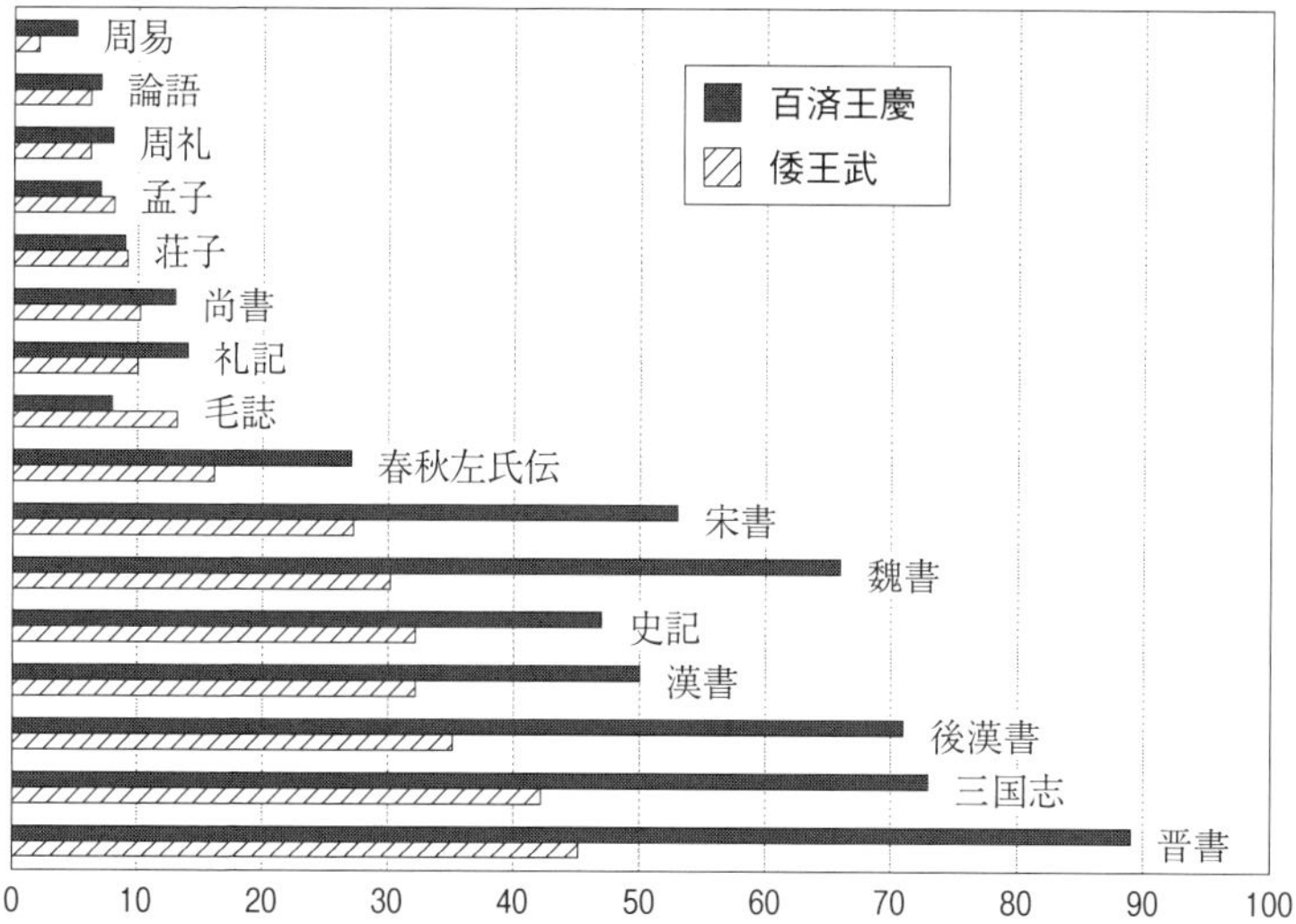

図４　百済王慶と倭王武の上表文が使用した語句の出典

生「武の上表文」『文字による交流』《文字と古代日本2》吉川弘文館、二〇〇五年）。

こうして中国系人士層の漢字文化は、彼らの移動とともに朝鮮半島から日本列島へと伝播した。これと関連して興味深いのは、華北の動乱で高句麗に流住し、四〇八年頃に七十七歳で死去した中国系の某氏鎮の墓誌（北朝鮮・徳興里古墳）に「食一椋」とあり、これが中国の吉祥句「食一倉」と同じものとみられることである（佐伯有清『古代東アジア金石文論考』吉川弘文館、一九九五年）。クラの意味で「椋」字を用いるのは、日韓の出土文字資料などによって古代の朝鮮半島や日本列島に特有のものであることが確認されていて、『魏志』高句麗伝が「小倉を名づけて桴京という」とすることや、「京」字にクラの意味があることなどから、高句麗において「桴」の「木」扁と「京」を合わせつくられたものと推測されている（李成市「古代朝鮮の文字文化」『古代日本文字の来た道』大修館書店、二〇〇五年）。その最も早い用例が、中国の古典や吉祥句の影響を色濃く残す中国系の某氏鎮の墓誌に見られることは示唆的である。「椋」＝クラも、高句麗に流入した中国系の人々が高句麗の「桴京」をもとに作字したか、もともと華北の一部地域にこうした用例があった可能性が疑われるからである。

ただ、以上のように考えると、華北の争乱を契機に中国から東へと移動した中国系人士の姓と漢字文化は、その移動先においてもしばらく、彼らの子孫たちに色濃く受け継がれていたとみなければならない。晋が江南に追われ約一世紀以上を経てもなお、倭・百済両国において対中外交などで活躍する中国系の単姓者たちの多くは、実際に中国で活躍した経歴を持たなかったはずだからである。

この点と関連して注目されるのは、尾形勇の古代中国の「家」に関する研究である。尾形によれば、秦漢代以降の姓は「族」の冠称ではなく「家」の冠称として機能していた。また君と諸臣は、「私」の場となる各自の「家」を基盤に、そこから出身して、君臣の礼を以て秩序づけられる「公」の場に登場すると観念されていた（尾形勇『中国古代の「家」と国家』岩波書店、一九七九年）。それは晋代も同様であったとみられる。例えば西晋に尚書郎などとして仕え、後に五胡十六国の前涼を創建した漢族の張軌を『晋書』巻八六・張軌伝は「家世孝廉、以㆓儒学㆒顕」と記す。『晋書』巻九六・韋逞母宋氏伝にも「吾家世学㆓周官㆒、伝㆑業相継」とある。したがって、中国系人士層の、子孫たちへの漢字文化の継承も、基本的には姓の継承とともに、「家」の文化の継承として行われていた可能性が高い。つまり彼らが特定の漢字文化を継承して東アジアの様々な王権に仕えることができたのは、「公」の場に仕える基盤としての「私」的な「家」と、それを継承する様式文化を持っていたからだと考えられる（田中史生「倭王権の渡来人政策」『中期古墳とその時代』季刊考古学・別冊二二、二〇一五年）。

ところで『書紀』の雄略紀は、雄略天皇が寵愛した「史部」の身狭村主青・檜隈民使博徳らが、呉にたびたび派遣されたと伝えている。雄略天皇は、五世紀後半に南朝宋へ遣使を行った倭王武に比定される人物で、「史部」とは〝フミヒト〟、つまり文字技能者のことを指す。「身狭村主」「檜隈民使」などの倭的な姓は六世紀に入って成立したとみられるから、彼らにこうした姓が付されているのは後世の氏族伝承の形成の影響によるものとみられる（加藤謙吉『大和政権とフミヒト制』吉川弘文館、二〇〇二年）。しかし、寵愛を受けて天皇に近侍しながら南朝外交にかかわったとする渡来系の青や博徳の「史部」伝承は、おそらく、五世紀における中国系人士層の記憶を伝えたものだろう。

三　五世紀の倭国の漢字文化と「書者」

この五世紀の倭国の文字文化を検証できる同時代の出土文字資料として最も著名なものは、東日本と西日本の古墳からそれぞれ出土した、以下の二本の有銘刀剣である。

①　埼玉県行田市稲荷山古墳出土鉄剣銘（図5）

（表）辛亥年七月中記、乎獲居臣上祖名意富比垝、其児多加利足尼、其児名弖已加利獲居、其児名多加披次獲居、其児名多沙鬼獲居、其児名半弖比

（裏）其児名加差披余、其児名乎獲居臣、世々為杖刀人首、奉事来至今、獲加多支鹵大王寺、在斯鬼宮時、吾左治天下、令作此百練利刀、記吾奉事根原也

図5　稲荷山古墳出土鉄剣　複製

②熊本県玉名郡和水町江田船山古墳出土大刀銘（図6）

台〔治〕天下獲□□□鹵大王世、奉事典曹人名无利弖、八月中、用大鐵釜、并四尺廷刀、八十練、□十振、三寸上好□刀、服此刀者、長寿、子孫洋々、得□恩也、不失其所統、作刀者名伊太□、書者張安也

①は裏面の「獲加多支鹵大王」をワカタケル大王と読み、雄略、すなわち倭王武にあて、表面冒頭の「辛亥年」を四七一年とみるのが通説である。そして、②の「獲□□□鹵大王」も①の「獲加多支鹵大王」と同一人で倭王武を指すとみられている。つまりこの二つの有銘刀剣は五世紀後半に倭国において製作されたものである。

①②には、もう一つの共通点がある。①に「杖刀人首」、②に「奉事典曹人」とあるように、「△△人」の表記で、刀剣製作主体である乎獲居や无利弖の職務を示していることである。これは、いわゆる人制と

呼びうるような職務分掌の制度が、五世紀に存在していたことを示す証拠とみなされている。すなわち、『書紀』などの後世の編纂史料からは、古代の日本で職名や氏族名を酒人・倉人・舎人などの某人で示す場合があったことが知られていた。けれども、これらによって、五世紀に遡り一定の職務をもって王権に仕える者を「△△人」と表記していたことが判明したのである。また、酒人・倉人・舎人といった某人は『周礼』をはじめ中国の史料にみられ、典曹人・杖刀人の「典曹」「杖刀」も中国に用例があることなどから、五世紀の人制が中国に由来することもほぼ確実視されるようになっている。

　これらを踏まえ、近年、人制に関する通説的理解となっているのが、吉村武彦の見解である（吉村武彦「倭国と大和王権」『岩波講座　日本通史』二、岩波書店、一九九三年）。吉村は、「△△人」として職務を示すあり方が五世紀の対宋外交によってもたらされ、これが王権と仕奉関係を結ぶ各地の在地首長の上番制度として全国的に展開したこと、人制には「〈動詞＋名詞〉人」と「〈名詞〉人」の二つのタイプがあ

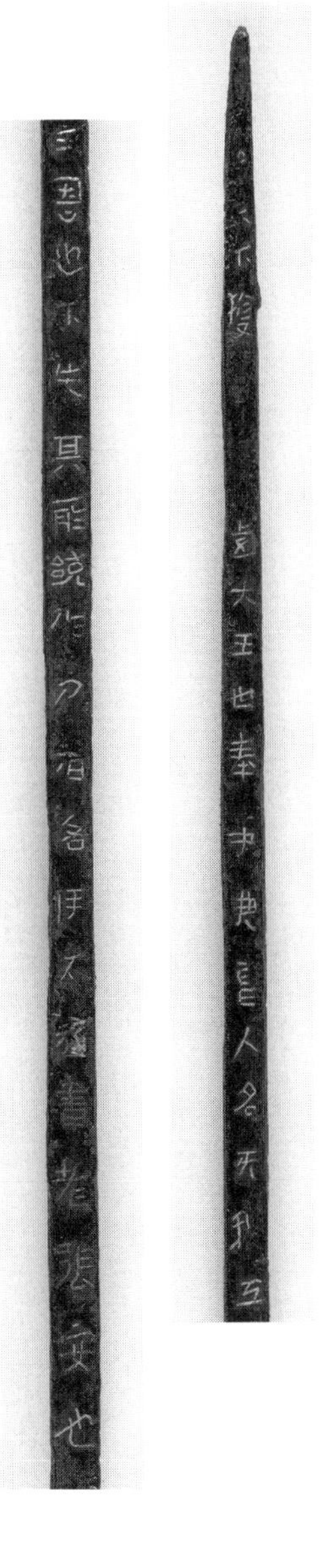

図6　江田船山古墳出土大刀　複製（右：上部分、左：下部分）

り、漢語表記を基本としつつ和語読みがなされていた可能性が高いこと、また後に人制は百済の部制の影響を受けつつ成立した和文表記の部民制のなかに解消されていくことなどを指摘した。

右の理解は概ね首肯しうるものであるが、筆者は、一部に修正が必要だと考えている（田中史生「倭の五王と列島支配」『岩波講座　日本歴史』一、岩波書店　二〇一三年）。その一つは、人制が対宋外交によってもたらされたとすることについてである。そもそも「△△人」は、四一四年の高句麗広開土王碑の「守墓人」や、五〇三年の新羅迎日・冷水里碑の「典事人」など、高句麗・新羅でも六世紀以前の石刻で確認されるもので、高句麗ではその初見資料が宋の成立を遡っている。また、『書紀』雄略八年二月条には次のようにある。

高麗王、精兵一百人を遣《や》りて新羅を守らしむ。頃《しばらく》有りて、高麗の軍士一人、取假《あからしま》に国に帰る。時に新羅人を以て典馬〈典馬、此をば于麻柯比《うまかひ》と云ふ〉とす。

この史料において、「典馬」を「于麻柯比」（ウマカヒ）というと注記としていることに着目した吉村は、部民制の馬飼（馬養）部の前身は、五世紀の人制において典馬（人）と表記されていたと想定する。「典曹人」の例からみても、その想定は支持しうる。ただしこの「典馬」の用例を史書に探すと、北朝系史書にみられるが、南朝系史書には見当たらない。これは東北アジアの装飾騎馬文化を華北に求める近年の考古学の知見とも一致する。つまり、倭国の人制も、華北の争乱を契機とする朝鮮半島を経由し流入した中国系人士層、もしくはその文化に基づく可能性が高いと考えるのである。

二つ目は、いわゆる五世紀の人制は、「△△」＋「人」という定型句としてではなく、漢語の「△△」にあらわされる、王権に仕奉する「人」「者」の職務分掌を示すものとしてあったということである。すなわち②の場合、五世紀の職務分掌のあり方は、「奉事典曹人」だけでなく「作刀者」「書者」にも示されているとすべきであって、それは、例えば高句麗広開土王碑において「守墓人」を「守墓者」とも、『書紀』において渡来の技能者「テヒト」を「才伎」「手人部」(雄略紀七年是歳条)だけでなく「巧手者」(仁賢紀六年九月壬子条)とも表記していることと同じである。なお、最近中国吉林省で発見され、この広開土王碑との関連が注目される集安高句麗碑にも「守墓者」がみえる(集安市博物館『集安高句麗碑』吉林大学出版社、二〇一三年)。

ならば②の「書者」の張安も「書人」、すなわち青や博徳伝承に通じるフミヒトであったということになるだろう。しかも「張」は中国的一字姓である。つまり②は、「家」の文化として漢字文化を継承していた中国系人士層が、倭王権のもと、フミヒトとして活躍していたことを具体的に裏付ける出土文字資料とみてよい。

そして以上のことを、倭国の漢字文化の展開とかかわらせるならば、倭王権のもとにある「書者」「書人」の漢字文化が、この段階から、外交だけでなく内政に用いられるようになった点が重要であろう。

例えば、五世紀の有銘刀剣にはいずれも「天の下治らしめししワカタケル大王の世、典曹に奉事せし人、名无利弖」(江田船山)、「ワカタケル大王の寺、シキの宮に在る時、吾天下を左治し」(稲荷山)、「王賜」(稲荷台)などと、倭王を起点に王権との関係が記述されている。倭王配下の首長層にとって、「漢字文化」が王権との結び付きを示すものとして機能しているのである。それは、倭人の王たちが、中華王朝との関係に依拠して権威を高めようと、漢字文化に接近したことに似る。つまり、中華王朝と倭王とを秩序づけていた漢字文化が、五世紀になると不十分ながら、倭王とその配下の首長層とを秩序づけるものと

図7　和田山23号墳出土「未」刻書土器

しても機能しはじめたのである。それは、当時の王権が、中国官爵を利用・活用して王権を中心とする支配秩序を整序しようとしていたこと（田中史生「倭の五王の対外関係と支配体制」『島根県古代文化センター研究論集』一四、二〇一五年）軌を一にするものだろう。そして、その関係を支えるための文章を作成したのが、張安らフミヒトであったということになる。

しかも、この段階に内政と結びついた漢字文化は、首長層の権威と結びつく刀剣などの威信財に王権との関係や吉祥的文章を記すといったことにとどまらなかったとみられる。二〇一三年、石川県能美市和田山二三号墳出土の五世紀末頃の須恵器に、時を記したとみられる「二年」「未」の刻書が確認された（図7）。その産地は不明だが、稲荷山古墳出土鉄剣銘に「辛亥年七月中」、江田船山古墳出土大刀銘に「八月中」とあるように、暦の使用につながる時の表記は、「書者」たちが刀剣製作でも用いたものである。「二年」は中国年号にもとづく年号であろうから、これを「未」と同年とみなすと、土器編年と対応するのは癸未年、梁の天監二年（五〇三）が該当する。それは、隅田八幡神社所蔵人物画像鏡銘が記す「癸未年八月」と同年で、人物画像鏡も、武寧王が「□中費直・穢人今州利」を倭国に派遣し作らせたとあるように、鋳造の経緯を、暦に基づく時の表記とともに記していた。こうしたことから、王権の工房など中央の生産組織では、五世紀後半以降、貢納や生産管理などで暦が一部利用されはじめた可能性が考えられる。

四　韓国出土木簡と六世紀の倭国の漢字文化

六世紀に入ると、倭王権の中華王朝との通行は中断し、加耶諸国が衰退・滅亡する一方、新羅が大きく成長する。このなかで倭国の外交は、百済を基本としつつ新羅との関係も模索するものとなった。また、国際社会の変化と連動した国内対立をおさめた王権は、六世紀半ば以降、各地から中央に上番して王権に仕奉する五世紀以来の体制（人制）を大きく進め、地方支配を強化する。各地にもミヤケと呼ばれた王権と仕奉関係を結ぶ拠点を築いて、在地首長を中心とした地域社会の秩序を王権に直接取り込み編成する国造制や部民制を導入していったのである。特に、六世紀末から七世紀初頭、ミヤケは各地に広がり、在地首長の地方経営と結びついて地域の生産や交通・流通の拠点となり、各地から中央へ人と様々な物資が運ばれる仕奉貢納体制が構築されていった。そのなかでも、対外交流の拠点となるなど、特に王権が重視した要地のミヤケには渡来系の技能者が投入された。そこでは一部編戸も行われるなど、彼らによって文字技術が投入されて、先駆的な経営が行われる場合があったのである（田中史生「ミヤケの渡来人と地域社会」『日本歴史』六四六、二〇〇二年。同『倭国と渡来人―交錯する「内」と「外」』吉川弘文館、二〇〇五年）。

ただし、六世紀の出土文字資料が乏しい日本において、この時期の倭国の文字を用いた支配の実態を知る手がかりは極めて少ない。そのなかで、以下の『書紀』欽明十四年（五五三）七月甲子条が伝える王辰爾の伝承は、極めて興味深い内容を持つ。

図8　城山山城荷札木簡

樟勾《くすのきまかりの》宮に幸す。蘇我大臣稲目宿禰、勅を奉《うけたまは》りて王辰爾《おうじんに》を遣わして、船賦《みつき》を数え録す。即ち王辰爾を以て船長とす。因《よ》りて姓を賜ひて船史《ふびと》とす。今の船連《むらじ》の先《おや》なり。

この史料は百済系の船連氏の祖先伝承で、欽明大王の行幸に際し、王辰爾が「船賦」を数録したというものである。王辰爾は、百済から新たに渡来した実在の文字技能者とみられ、『書紀』の条文配置に従えば、この行幸は新羅と戦う百済からの派兵要請を大王が受諾した翌月に行われた。百済渡来の辰爾は、大王が樟勾宮（現枚方市楠葉付近）に行幸し、百済支援のために淀川水系を利用し船で軍事物資の調達を行った際、文字技術を使ってその管理を行ったのだろう（田中史生「王辰爾―王権と王権を結ぶ渡来人―」『日出づる国の誕生』清文堂出版、二〇〇九年）。

この辰爾のもたらした文字技術に通じる六世紀の韓国出土木簡として、慶尚南道咸安郡の新羅城山山城木簡が注目される（図8）。当該木簡の中核をなす荷札木簡については、洛東江の水系を利用した山城への物資搬入とかかわるものとされていて、これは辰爾伝承に記された文字と水系を利用し物資を集積・管理する技術と重なる。辰爾が百済渡来の文字技術者であることを考えると、同時期の百済も同様の文字技術を保持していた可能性が高い（田中史生「六世紀の倭・百済関係と渡来人」『百済と倭国』高志書院、二〇〇八年）。

また辰爾系の文字技術者の伝承として、次の『書紀』欽明三十年（五六九）正月辛卯朔条も注目される。

詔して曰く「田部《たべ》を量《はか》り置くこと、其の来ること尚《ひさ》し。年甫《はじ》めて十余、籍に脱《も》れ課を免れる者衆《おほ》し。宜しく膽津《いつ》〈膽津は、王辰爾の甥なり〉を遣わして、白猪《しらゐの》田部の丁《よほろ》の籍を検定せしむべし」

これは、欽明十六年（五五五）に吉備に置かれた白猪屯倉に関するもので、屯倉に派遣された辰爾の甥膽津が、田部の「丁籍」を検定したと伝えている。この文字技術と通じる六世紀の韓国出土木簡として、次の百済陵山里二九九号木簡があげられる。

三貴	丑牟	□□
至女	至文	□貴
今母	安貴	□□
只文	翅文	□□

本木簡は、用途不明ながら、横界線を入れた四段書きで二文字が書き連ねられている。これらは人名とみられ、その背景に膽津の「丁籍」作成技術にもつながりうる名帳の存在が想定しうる。さらに、断片として残る同三〇七号木簡で確認された「資丁」の文字からは、六世紀の百済において、年齢区分などによる人の編成・管理が行われていたこともうかがえる。そもそも『周書』百済伝によって、六世紀の百済には戸口の管理・徴発を行ったとみられる「点口部」が置かれたことが知られていたが、その管理・運用の際には木簡が使われた可能性が高いだろう（田中史生「倭国史と韓国木簡―六・七世紀の文字と物流・労

働管理―」『日本古代の王権と東アジア』吉川弘文館、二〇一二年)。

以上のように、倭国は、韓国出土木簡に示されるような百済・新羅の文字技術を、百済などを介して保有していたと考えられる。しかしそれは、倭国の漢字文化が、百済・新羅と同レヴェルに達していたという意味ではない。すでに数多くの六世紀の木簡が確認されている百済や新羅と、未だ六世紀の木簡を確認できない倭国では、文字普及に大きな差があったとしなければならないからである。

この点と関連し注目されるのは、中国西安市の大唐西市博物館が所蔵し、二〇一二年にその存在が知られるようになった「陳法子墓誌銘」によって、百済の太学が少なくとも六世紀に遡ることが知られたことである(鄭東俊「「陳法子 墓誌銘」역주」『木簡과文字』一三、二〇一四年)。百済では、五三八年の泗沘(扶余)遷都を契機に進んだ官司制の整備とともに、高度な漢字文化を中央の支配層が共有する学習システムが整えられていったのだろう。また新羅でも出土文字資料の検討により、六世紀半ばには城山山城木簡を生み出すような漢字の書き手が郡にいて、六世紀後半にはそれが城・村レヴェルまで広がって、日常的な行政を担うようになっていたことが指摘されている(橋本繁『韓国古代木簡の研究』吉川弘文館、二〇一四年)。このように、百済・新羅では、六世紀半ばころには、漢字文化の習得が支配を担う諸階層へと広げられ、王権支配に文字が積極的に投入されていったとみられる。ところが倭国では、漢字文化の中心的担い手は、こうした百済・新羅などの文字技術を持って渡来する人々や、フミヒトとしての職能を継承する渡来系氏族であって、その技能が使用される場も王宮周辺や一部の先進的ミヤケにとどまっていたのである。市大樹は、当該期に木簡は王都とその周辺部、ミヤケを中心とした地方拠点で限定的に使用され、主に物や人の管理にかかわって、記録木簡が先行する形で使用されたと推定する(市大樹「黎明期

の日本古代木簡」『国立歴史民俗博物館研究報告』一九四、二〇一五年）。

五　六〜七世紀の倭国の漢字文化の担い手の変化

六世紀の倭国は、人制を発展させた部民制を整え、職務分掌体制を充実させた。この部民制では前述のミヤケも重要な役割を果たしたが、人制から部民制への発展・拡充の契機となったのは、百済の衆務分掌組織である部司制とされている。またその際、典馬人→馬飼部、養鳥人→鳥養部などのように、その表記も漢語から和文に変化したことが指摘されている（吉村武彦・一九九三年）。これら部司について、『周書』百済伝には以下のようにある。

内官に前内部・穀部・肉部・内椋部・外椋部・馬部・刀部・功徳部・薬部・木部・法部・後官部有り。外官に司軍部・司徒部・司空部・司寇部・点口部・客部・外舎部・綢部・日官部・都市部有り。

右によれば、「内官」一二部司、「外官」一〇部司の名称は、「穀部」「肉部」のように「〈名詞〉部」とするか、「司軍部」や「点口部」のように「〈動詞＋名詞〉部」の漢語表記を基本としている。したがって、職業部が和文表記とされたのは倭国の独自性のようにもみえる。ところが、六世紀の韓国の金石文によると、新羅の「△△人」も、六世紀前半のものは「典事人」（五〇三年、迎日・冷水里碑）、「立石碑人」（五二四年、蔚珍・鳳坪碑）、「作書人」（五二五年、蔚州・川前里刻石）など、「〈動詞＋名詞〉人」であるが、六世紀半ば以降は「旨為人」（五六一年、昌寧新羅真興王拓境碑）、「裏内従人」（五六八年、磨雲嶺新羅真興王巡狩碑）、「文作人」（五七八年、大邱・塢作碑）、「石捉人」（五九一年、南山新城碑）など、「〈名詞+動詞〉人」となっている。新羅でも、六世紀半ばを前後して「△△人」が漢語表記から新羅語の語順表記に変化するのである(田中史生・二〇一三年)。そうであれば、文字表記に渡来系「史部」の影響が強い当該期において、職業部の和文表記への変化も、朝鮮半島からの渡来人の影響を想定しうる。

しかし、こうした渡来系の人々に大きく依存した倭国漢字文化のあり方は、百済から五経博士が渡来し、仏教が伝来したことによって変化の契機が与えられることとなった。五経博士とは儒学の古典を講ずる学者のことを指し、中国南朝の梁や陳において、僧とともに支配層のブレーンとして活躍していた(新川登亀男『日本古代文化史の構想』名著刊行会、一九九四年)。百済から倭国に渡来した五経博士と仏教は、いずれも、百済が梁と結んだ朝貢関係の成果として入手・導入したものを、同盟国である倭国へも送り、両国の戦略的連携の強化をねらったものである。

このなかで五経博士と僧は、支配層と論談しその諮問に答えることが期待される存在であったから、彼らの高度な漢字文化は、もともと支配層に積極的に伝えられることが前提とされていた。その意味で両者の導入は、倭国中枢部の支配層が漢字文化の理解をさらに深める重要な契機となりうる。しかしそのなかでも、仏寺と僧尼は、未だ氏族制的原理のもとで官人養成機関を持たない倭国において、漢字文化の伝習・習得に画期的なシステムをもたらしたといえるだろう。仏寺の運営と、それを担う僧尼らによって、一定の職掌を負った氏族の世襲的な技能伝習とは異なる、師弟関係による技能伝習方式が広がったからである(田中史生「飛鳥寺建立と渡来工人・僧侶たち―倭国における技能伝習の新局面―」『古代東アジアの仏教と王権―王興寺から飛鳥寺へ―』勉誠出版、二〇一〇年)。王権の期待を背負い、師を求めて倭国の外に飛び出し、最先端の技能を伝習して帰国する留学という学習形態も、仏教伝来を契機に本格的に始動した。倭国に大きな変革を求める仏教の受容は、様々な葛藤を生みながら、六世紀末の推古王権の登場とともに王権の基本方針として承認されたとみられるが（川尻秋生「仏教の伝来と受容—王権と仏教—」『古墳時代の日本列島』青木書店、二〇〇三年、田中史生「百済王興寺と飛鳥寺と渡来人」『東アジアの古代文化』一三六、二〇〇八年）、これ以後徐々に拡大した師弟関係に基づく知識・技能伝習方式は、漢字文化の担い手を、渡来系から非渡来系へと押し広げることになっていったとみられる（田中史生「遣隋使・遣唐使と文化的身体・政治的身体—仏教伝来のインパクト—」『互恵と国際交流』クロスカルチャー出版、二〇一四年）。

また、この仏教伝来を契機とする師弟関係の技能伝習では、書物も重要な役割を果たしていた。これをうかがわせるものとして、『書紀』推古十年（六〇二）十月条は注目されるだろう。

百済僧観勒来けり。仍《よ》りて暦本及び天文地理書、幷て遁甲方術の書を貢《たてまつ》る。是の時、書生三四人を選びて、観勒に学び習はしむ。陽胡史《やごのふびと》の祖玉陳《たまふる》、暦法を習ふ。大友村主《すぐり》高聡、天文遁甲を学ぶ。山背《やましろ》臣日立、方術を学ぶ。皆学びて業を成しつ。

天文・地理の知識や遁甲・方術などの知識は、暦を操る上でも重要で、倭王権は百済渡来の僧観勒に学生をつけ、これらの技術を学ばせて、作暦体制を整えていったことがわかる。しかも、観勒は書生に教授する技能と直接かかわる「暦本及び天文地理書、幷て遁甲方術の書」を百済からもたらしているから、その伝習に際しては、これらの書物が積極的に活用されていたことが確実である。つまり師弟関係に基づく学習の広がりとともに、そこで用いられる書物の導入も進められたとみるべきである。留学生も次々と送り込んだ七世紀にはじまる遣隋使・遣唐使が、書物の請来を重要な目的としたという事実は（王勇

「「ブックロード」とは何か」『奈良・平安期の日中文化交流―ブックロードの視点から―』農山漁村文化協会、二〇〇一年)、そのことを端的に示している。また、その動きが遣隋使・遣唐使以前の、百済からの仏教伝来、五経博士の渡来の時代に起こっていたことは、九世紀末の日本の漢籍の目録である『日本国現在書目録』が、経部・子部を中心に、梁代の多様な書物を数多く収録していることから裏付けられる(榎本淳一「『日本国見在書目録』に見える梁代の書籍について」『古代中国・日本における学術と支配』同成社、二〇一三年)。倭国において、多様な分野に広がりを持つ漢字文化への理解は、この段階から、書物を介した学習によって、大きく深化しはじめたとみてよいだろう。しかも書物による学習は、テキストを読む学習を求めるから、中国南朝の影響が想定される古代日本における呉音の定着も、おそらくこの時期に起ったと考えられる。

そして、倭国では七世紀から木簡の出土が確認されるように、これらが日本列島における文書行政の本格的始動と、律令国家への道を導く土台の一つとなったと考えられる。師弟関係による漢字文化の伝習方式が広がる七世紀前半、中央の宮都や仏寺を中心に漢字文化を使いこなす人々が広がりはじめると、その範囲で初期の木簡の使用も確認されるようになるからである。以後、亡命百済人らによって天智十年(六七一)頃には中央に後の大学寮の前身が生まれるなど、漢字文化の担い手を広げる機関の整備が進み、遣外使節による技能伝習と書物移入も積極化した。また、地方にも漢字文化の担い手と文書行政が拡大すると、それ以前から一部の先進的ミヤケに投入されていた漢字文化も広がって、それが木簡として表出するようになる(田中史生・二〇一二年)。

ところで、養老の遣唐使(七一七年)で唐に留学した吉備真備は、こうして新たに登場した漢字文化の担い手の、象徴的存在といえるだろう。岡山地方の豪族の子弟で、中央の大学寮で学び、下級役人としてそのキャリアを始めたとみられる真備は、才学を認められて入唐留学生となると、一七年もの間、おそらくは多くの師のもとで様々な分野を学びとった。そして帰国後、大学寮の次官や東宮学士に任じられ、最後は正二位、右大臣にまで登りつめる。ここで特に注目されるのは、彼がその学びと対応する中国の様々な分野の漢籍を持ち帰ったことである（東野治之『遣唐使と正倉院』岩波書店、一九九二年）。彼が日本にもたらした知識と書物は、大学寮での後身の学習や、東宮での阿倍内親王（のちの孝謙天皇）の教育に役立てられたであろう。ここには、師弟関係と書物による学習方法を手に入れた日本列島の支配層が、どのようにして漢字文化を学び取り、高度化していったかが、端的に示されているように思われる。

むすび

以上、本稿では漢字文化の担い手に着目し、倭国時代の漢字文化の変遷を概観してきた。そこからうかがわれる漢字文化の画期をまとめると、次のようになろう。

第一段階は、紀元前一〇八年の前漢武帝による朝鮮半島の郡県支配を契機とする。以後三一三年までの楽浪郡・帯方郡時代、中華王朝との直接交流を開始した倭人の一部支配層は、漢字文化を〈文明の記号〉として限定的に受容しはじめた。

第二段階は、四世紀の華北の争乱と、楽浪郡・帯方郡の滅亡を契機とする。こうして流動化した国際社会のなかで成長を開始した高句麗や百済は、王権活動を支える漢字文化の導入・整備のために、移動する中国系人士層を積極的に登用した。その一部が同盟国百済などから倭国へ渡来する。彼らはフミヒトとなって、倭王権の外交だけでなく、首長層の権威を示す威信財に王権との関係や吉祥的文章を記したり、暦を用いて王権の生産・貢納制を支えたりするなど、内政にもかかわるようになっていった。

第三段階は、倭王権の対中外交が中断した六世紀である。この時期、百済や新羅では、漢字文化の担い手が支配を担う諸階層へと広げられ、行政にかかわる体制が整備されていた。そこで用いられた労働管理や物流管理の文字技術が、渡来人によって、倭国でも王宮周辺や一部の先進的ミヤケに投入されるようになった。

第四段階は、五経博士や仏教が渡来・伝来した、やはり六世紀以降である。時期的には第三段階と重なるが、その中心は、仏教受容が本格化する六世紀末以降である。これを契機に、師弟関係と書物による学習方式が広がり、漢字文化の担い手も渡来系から非渡来系へと拡大していった。これが、日本列島における文書行政の本格的始動と、律令国家への道を導く土台の一つとなった。

以上のように、倭国の漢字文化の深化を、その文化の運び手、担い手に着目して整理すると、中華王朝と周辺諸国の間の同心円的な政治関係、外交関係だけがそれを規定していたわけではないことがはっきりとする。東アジア諸地域それぞれの実情や交流の実態を反映して花開く多様な文字文化の基礎には、争乱のなか「民族」「国」を越えて移動・定着する人々、あるいはそれを取り込み自立的な成長をもくろむ諸王権の交流の連鎖があったことも、いわゆる東アジアの漢字文化の一つの実態であったといえるだろう。

中国秦漢・魏晋南北朝期の出土文字資料と東アジア

安部　聡一郎

はじめに

二〇一四年に国立歴史民俗博物館にて開催された国際企画展示「文字がつなぐ―古代の日本列島と朝鮮半島―」は、中国よりもたらされた漢字文化が日本列島・朝鮮半島で受け容れられ、それぞれに文字文化が形成されてゆくその過程において、日本列島と朝鮮半島の密接な関係が果たした大きな役割に焦点を当てたものであった。本稿では、そうした日本列島・朝鮮半島での文字文化形成の前提となった、東アジア世界における文字文化受容の初期段階、具体的には中国から朝鮮半島への文字文化の伝播と朝鮮半島での受容に関する部分を論ずることとしたい。以下では主として筆者が専門とする中国史の立場から、「楽浪郡戸口統計簿」などを主な材料としてこの問題を考えてみることにする。

一　古朝鮮における文字文化の可能性

前記展示における視点の一つであった「支配の道具としての文字」という観点から考えた場合、中国と朝鮮半島の交流の歴史は、中国の戦国時代まで遡るように思われる。よく知られるように、『史記』巻一一五朝鮮列伝は、戦国時代に現在の北京周辺を支配していた燕国がその最盛期に朝鮮・真番を服属させ、官吏を置き、とりでや見張り台、防壁などを設置して防衛線を引いたことを伝える。また『史記』より後の史料になるが、『三国志』巻三〇東夷伝韓条の裴松之注引『魏略』（以下『魏略』と記す）によれば、燕が服属させる以前の朝鮮にはすでに王が存在し、両者の間には政治的な交渉があったという。紀元前四〜三世紀、燕国の金属貨幣・明刀銭が朝鮮半島に入っていたことは考古発掘により広く知られている。遺物の存在がただちに交渉を意味するわけではないが、両者のつながりを示唆するものと理解することはできよう。

この燕国は、秦王政（のちの始皇帝）によって紀元前二二二年に滅ぼされた。この秦による中国の統一、そしてそれに続く、項羽と劉邦のエピソードで知られる秦の滅亡から漢王朝の統一に至る動乱の時代、中国の北東部から朝鮮半島へ亡命する者がいたことを先に触れた『史記』および『魏略』は伝える。亡命者たちの出身地は、戦国時代の燕の地域、また渤海湾を挟んで南側の山東半島周辺を支配していた斉や、燕の西方にあって太行山脈に沿う地域を支配していた趙国の存在した地域であった。これら亡命者を率い、『魏略』の伝えるところでは在地政権を乗っ取る形で、紀元前二世紀の初頭に朝鮮半島西北部で衛氏朝鮮と呼ばれる王朝を立てたのが衛満である。衛満はもともと前漢成立後に燕王となった盧綰に仕えていたが、盧綰が前漢初代皇帝・劉邦の没後に離反し匈奴に亡命したため朝鮮へ逃れた人物であった。衛氏朝鮮は現在の平壌あたりと思われる王険城を都とし、前漢の外臣となり、真番など周辺勢力を服属させ、以後武帝によって滅ぼされるまでの九〇年弱、自立した勢力を保った。

衛氏朝鮮では王のもとに大臣や将軍が置かれており、そのなかには亡命者およびその子孫だけでなく、在地系の人物も含まれていたことが『史記』には記録されている。こうした面から、衛氏朝鮮は「燕の亡

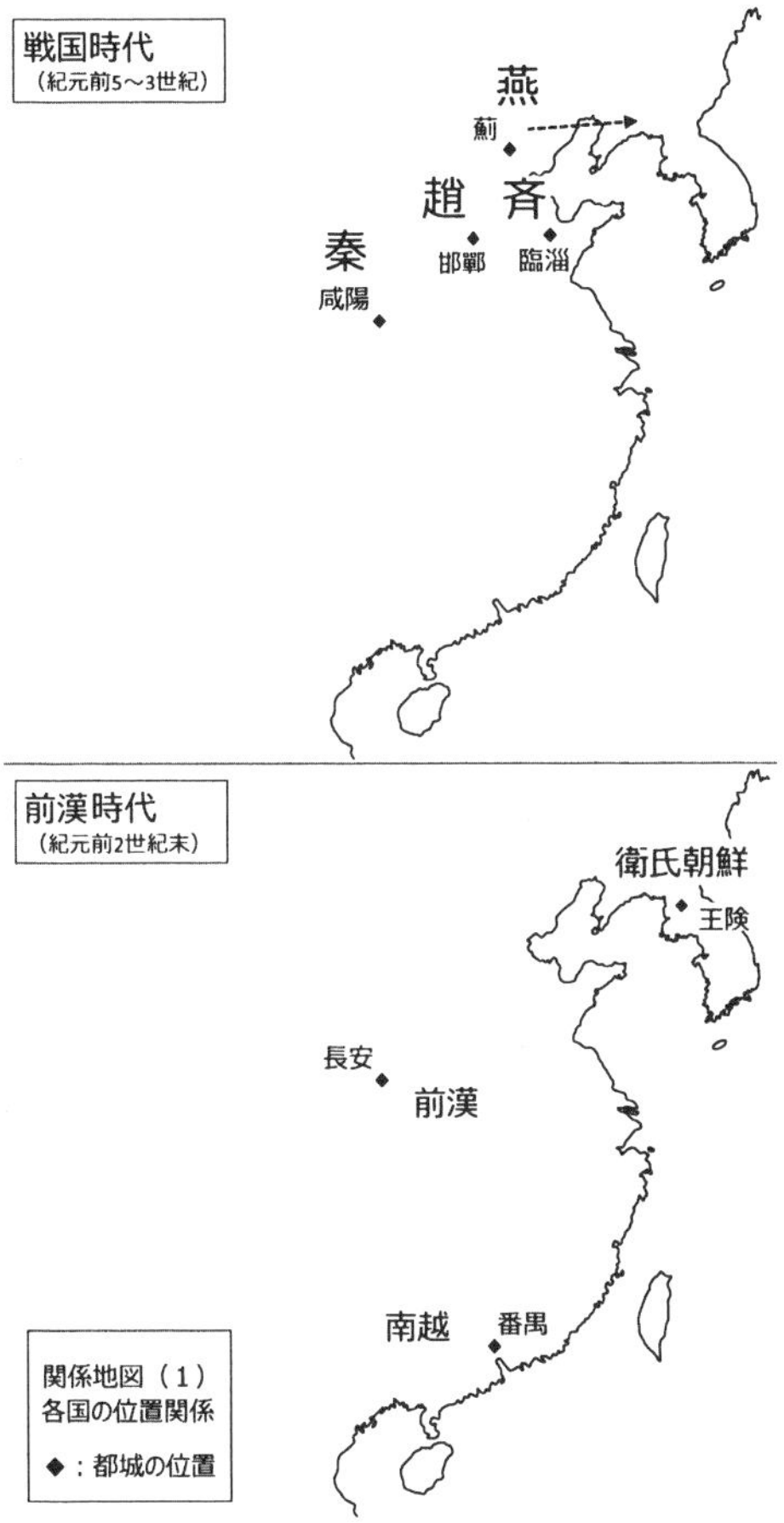

図1　各国の位置関係

命者・衛満を中心に土着の在地首長層を束ねた連合王国」であり（李成市『古代東アジアの民族と国家』岩波書店、一九九八年）、まだ統一的な国家権力と支配機構を持たない「国家形成の途上にある社会」と評される（木村誠『古代朝鮮の国家と社会』吉川弘文館、二〇〇四年）。

しかし改めて文字の使用に話を戻すとすれば、衛氏朝鮮の建設に中国での政治的経験を有する人物が率いる中国系の移住者集団が深く関与していること、そして彼らが在地系の集団も加えて政権を構成し、外臣として前漢と政治的な交渉を持っていることは見過ごせないであろう。この点で、衛氏朝鮮とほぼ同じ頃、中国の南方、現在の広東省からベトナム北部にかけての地域に建設された南越と呼ばれる王朝の存在は興味深い。南越の建設で主導的役割を果たしたのは中国からの亡命者ではなく、現地に取り残されてしまった秦の官吏たちだったが、その建設に深く関与したのが政治経験を持つ中国系の移住者だったこと、建設後に前漢の外臣となり交渉を持ったこと、大臣や将軍などが置かれ、百越など周辺勢力を服属させていたこと、そしてやはり武帝によって滅ぼされるまでの九〇年あまり、自立した勢力を保ったことなどは衛氏朝鮮と共通している。そしてこの南越では、王朝内部での文字使用が確認されているのである。

南越の都・番禺は現在の広東省広州市にあった。その王宮跡も同市内で発見されており、いまは南越王宮博物館として公開されている。二〇〇四年、この王宮の一角で発見された排水施設の中から百枚あまりの木簡が出土した。内容は宮殿や庭園の管理にかかわる文書・帳簿類で、簡中に記された年数表示から南越初期（紀元前一七〇年代）に記されたものと考えられている。いずれも長さは二五センチ前後（漢代の尺寸では一尺一寸）、幅一・七～二センチ、厚さ〇・二センチ前後で、秦・漢の支配領域内から出土するものとは規格が異なるが、文字は前漢のものに似るという（広州市文物考古研究所ほか「広州市南越国宮署遺址西漢木簡発掘報告」『考古』二〇〇六年第三期）。なお筆者が二〇一四年に前述の南越王宮博物館を訪れた際には、館内の陳列展示楼にて複製品の展示が行われていた。

この南越木簡は、いま発見されているなかでは、中国王朝の直接支配下にない国で作られた最も古い木簡と思われる。ただし南越は、秦の始皇帝により征服され南海などの三郡が設置された、ひとたびは中国王朝の直轄支配が構築された地域にあって、印章など木簡以外の文字史料も多数発見されており、先にも触れたとおり衛氏朝鮮とは建国前に及んでいた支配の度合い、それに伴う文化の浸透の面で状況が異なるというべきであろう。しかし先に挙げた両者の間の少なからぬ類似点を顧みれば、衛氏朝鮮でもこのような文字の利用が限定的であれ始められていた可能性は考慮に値しよう。武帝による征服と楽浪郡など四郡の設置以降、朝鮮半島では地域的な限定はあるものの中国系住民の流入が一段と進み、次節で触れるように在地勢力の中国文化の接受も一層進んだことが知られている。その前提のひとつとして、衛氏朝鮮時代の文字文化の存在を考えることもできるかもしれない。

二　「楽浪郡初元四年戸口統計簿」と中国出土の関連史料

残念ながら、朝鮮半島の方ではまだ南越木簡に比肩し得るような木簡は出てきていないようである。しかしそのゆえに、このような「支配の道具としての文字」、という観点から見たとき、①「楽浪郡初元四年戸口統計簿」（初元四年は前漢元帝の年号、紀元前四五年。以下「楽浪郡戸口統計簿」と記す。図2）は、きわめて大きな意味をもつ史料といえる。本史料については、金秉駿の論考をはじめ（同「楽浪郡初

図2　楽浪郡戸口統計簿　複製

期の編戸過程─楽浪郡初元四年戸口統計木簡を端緒として」『古代文化』六一─二、二〇〇九年）、すでに多くの議論がなされているところであり、中国出土の関連史料との比較も尽くされているところではあるが、ここでは先行研究の成果を踏まえてあらましを紹介しておきたい。なお、以下に挙げる史料の出土地については関係地図（図3）をご参照いただきたい。

本史料は、平壌市の貞柏洞三六四号墓から出土した。李成市は、この貞柏洞三六四号墓の形式が楽浪郡設置以前から平壌地方で築造されていた板槨墳であること、副葬品として本史料および『論語』先進篇と顔淵篇を記した竹簡とともに、朝鮮半島内で独自に発達した細型銅剣が含まれることなどから、被葬者を現地出身で楽浪郡に仕える官吏（属吏）であったとし、これらの木牘・竹簡が朝鮮半島における文字文化の伝播と受容を考える上での起点と見なし得る、と指摘している。なお中国史の分野では、本史料のような幅広の木簡を「木牘」と称し、木簡・木牘・竹簡などを総称して「簡牘」と呼ぶ。

本史料を中国史の側から見れば、これから詳述するように、紀元前一世紀半ばという段階で、漢王朝から見て東の辺境に位置する楽浪郡においても、万里の長城以南に位置し戦国時代以来文字文化のなかにあった漢王朝内地の郡県と同様に毎年の人口調査が行われ、戸籍が作成されていた、すなわち文書行政が行われていたことを示すと理解できる。ではこの戸口簿は、そもそもどのような内容をもっているのだろうか。

本史料は原品が公開されておらず、二〇〇八年に三枚に分かれた写真が公開された（51頁図1）にとどまる。三枚の写真は幅がいささか異なり、表面の木目の様子などからも本来一枚であったかどうかがはっきりしていないが、三枚に書かれている内容はひとつながりのものとして理解されている。これを釈文におこしたものから、ここでは冒頭と末尾部分を引用する。

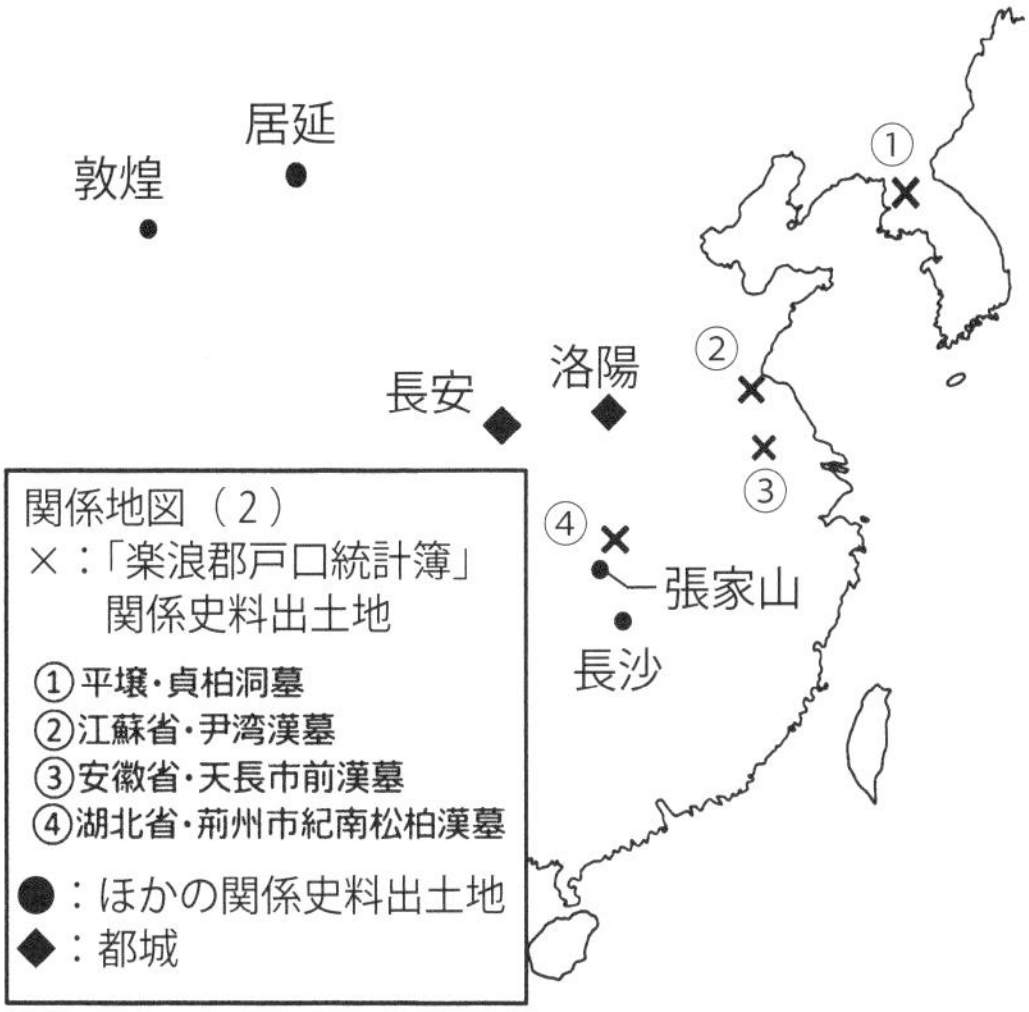

図3　楽浪郡戸口統計簿関係史料出土地

楽浪郡初元四年縣別戸口多少□簿
朝鮮、戸九千六百七十八、多前九十三、口五萬六千八百九十、多前千八百六十二。
䛁邯、戸二千二百八十四、多前卌四、口萬四千三百卌七、多前四百六十七。
……中略……
凡戸四萬三千八百卌五、多前五百八十四、口廿八萬三百六十一。

其戸三萬七千□卅四、口廿四万二千□□□□□□□

冒頭の一行は表題。「戸口多少」の次は「爲簿」であろう。その後に、朝鮮県・䛁邯県以下、楽浪郡下の二五県について、初元四年におけるその戸数、人口数の詳細が列挙されている。なお、『漢書』地理志の楽浪郡の条でも、順番は異なるが同じく二五の県が挙げられている。この各県の戸数・口数には、初元四年の数に続けて「多前」を冠する数字が付される。これは前回集計時からの増加数を示しているものと考えられる。そして最後に、以上二五県の合計、すなわち楽浪郡全体での戸数・口数が示され、さらに「其の」を冠して、釈読が不完全なため具体的に何であったかは不明ながら、何らかの内訳が示されている。なお、この戸口統計簿の年号表示は初元四年（紀元前四五年）だが、『漢書』地理志にはおよそ五〇年後の元始二年（紀元後二年）の楽浪郡の戸口数が記載されており、そこでは戸六万二千八百一十二、口四十万六千七百四十八とされている。概ね五〇年のうちに一・四倍強、戸口数が増えたことになる。

郡内の県の戸および口の合計と、前回の集計と比較しての増減数を述べた中国の同時期の史料としては、まず②「尹湾漢墓出土一号木牘」（以下「尹湾漢墓木牘」と記す）が挙げられる（連雲港市博物館ほか『尹湾漢墓簡牘』中華書局、一九九七年）。この「尹湾漢墓木牘」は、現在の中国・江蘇省連雲港市東海県で発見された漢墓に副葬されていたもので、「集簿」と題されている。

縣邑侯國卅八、縣十八、侯國十八、邑二、其廿四有堠、都官二。

……中略……

集簿　戸廿六萬六千二百九十、多前二千六百廿九、其戸萬一千六百六十二獲流。

口百卅九萬七千三百廿廿三、其四萬二千七百五十二獲流。

……中略……

男子七十萬六千六十四人、女子六十八萬八千一百卅二人、女子多前七千九百廿六。

……下略……

ここでは東海郡下の県や侯国の数、官吏の数などが列挙され、その後に続いて東海郡の戸口と前回集計時と比較しての増加数、および内訳が①「楽浪郡戸口統計簿」と基本的に同じ書式で挙げられている。また一見して明らかなとおり、書式だけでなく「多前」など共通の用語も使われている。

②「尹湾漢墓木牘」が出土した墓の被葬者は、同時に出土した名謁（人と面会するときに用いた一種の名刺）から、当時この地域に置かれていた前漢の郡県制下の東海郡で、東海郡に仕える属吏の幹部である功曹史を務めていた師饒（字は君兄）という人物であったことが判明している。埋葬された時期は早くて前漢成帝の元延三年（紀元前一〇年）、概ね「楽浪郡戸口統計簿」の三〜四〇年後、前漢末期から王莽の新・後漢初頭の時代の人物と考えられる。ではこの集簿はいったいどのような目的で作成され、また郡の幹部をつとめた師饒とともに葬られたのだろうか。

この点については、時代はいささか下るが『後漢書』百官志五（正確には『続漢書』百官志五）の州郡の条に、郡のつとめとして会計年度末に郡の官吏を都城に派遣し、計を上す必要があることがみえる。

およそ郡国は皆《み》な治民を掌り、賢を進め功を勧め、訟《しょう》を決し奸を検《おさ》む。常に春を以て主る所の県を行き、民に農桑を勧め、乏絶を振救す。秋冬に無害の吏を遣《や》りて諸囚を案訊し、其の罪法を平らげ、課の殿最を論ぜしむ。歳尽には吏を遣りて計を上せしむ。

さらに同志州郡属官の条に付けられた唐の李賢の注には、後漢後半期に高官を歴任し、漢の故実に通じていた胡広の言として、戸口・墾田・財物の出納、盗賊の多寡などを集計し、「其の集簿を上せしむ」、すなわちその集計簿を郡国に報告する必要があったことが述べられている。ここからみれば、郡を単位として年度末に県ごとの集計を総括し都へ報告していたこと、そしてその集計簿は、胡広によれば「集簿」と称されていたことになる。

こうした集簿の上呈は上計と称され、この年に一度の上計は漢の皇帝にとって統治理念にもかかわる重要な儀式であったことが指摘されている。また上計のために都へのぼる郡国の官吏は、往々属吏のなかでも頭だった、いずれ中央の官僚として推挙されてゆくような者が選ばれて派遣されており、こうしたところからみると師饒にとってこの集簿はいわば晴れ舞台へ上がった証だったのかもしれず、そのため埋葬時に複製が作られ、ともに埋納されたとも考えられる。

さて、先ほどの「尹湾漢墓木牘」には郡の戸口の総計が示されていた。では「楽浪郡戸口統計簿」と同様に、郡下の各県について列挙している史料はないだろうか。

管見の限りでは、郡下の各県について列挙している史料で公開されているものは存在しない。後で触れる④「紀南松柏漢墓出土三五号木牘」（以下「松柏漢墓木牘」と記す）が出土した墓では県について戸口を列挙した簡牘も出土したと伝えられているが、これはまだ非公開である。しかし県のなかの各郷について列挙している史料には公開されているものがある。それが次に挙げる③「安徽天長市前漢墓出土木牘」（以下「天長漢墓木牘」と記す）である（天長市文物管理所ほか「安徽天長西漢墓発掘簡報」『文物』二〇〇六年一一期）。

この墓は副葬品の鏡の形式などから、前漢中期のやや早い時期のものとみられている。墓主は副葬器物の銘文や副葬の木牘から、県である程度の地位にあった官吏、一説には県の副長官クラスに属する尉であったと考えられており、この墓のある場所は、埋葬当時は臨淮郡東陽県に属していたとみられる。

戸凡九千一百六十九少前
口四万九百七十少前
戸　東郷戸千七百八十三口七千七百九十五
都郷戸二千三百九十八口万八百一十九
楊池郷戸千四百五十一口六千三百廿八
口　鞠郷戸八百八十口四千五
垣雍北郷戸千三百七十五口六千三百五十四
簿　垣雍南郷戸千二百八十二口五千六百六十九

「天長漢墓木牘」は、まず木牘の頭の部分に「戸口簿」と横書きに題が示され、その下に「楽浪郡戸口統計簿」とは逆に、まず戸口の総計が挙げられ、以下東陽県の管轄下にある各郷の戸口が列挙されている。ここでは多前ではなく少前とあり、前回集計時より減少していることが示されているが、総計・各郷とも増減数の記載がないため詳細はわからない。この「戸口簿」は副葬品として埋納するために複製されたものと思われるので、本来の簿から省略されている部分があるのかもしれない。

以上、①「楽浪郡戸口統計簿」と、これに関係する中国内地での集簿・戸口簿を紹介した。②「尹湾漢墓木牘」、および③「天長漢墓木牘」は、概ね長さ二三センチ、幅七センチほどの大きさで、長さはほぼ漢代の一尺に相当する。最初に触れたとおり、①「楽浪郡戸口統計簿」は写真三枚が公開されているだけで、これが本来一枚であったかどうかははっきりしていない。しかしこの三枚の長さを加算するとやはり概ね二三センチとなり、もし本来一枚であったとすれば、一尺（二三センチ）の木牘に三段書きをしていたことになる。この点について④「松柏漢墓木牘」をみると、正確な大きさは報告されていないもののやはり同様に長さ二三センチ、幅七センチ程度の木牘と考えられ、正面に四段、背面に二段書きされている。④出土地の紀南松柏漢墓は武帝の早い時期に埋葬されたものと考えられており、この木牘は当時この地域にあった南郡の傜役関係の帳簿で、老年による労役免除者数や新規に登録された人数を、南郡管轄下の各県ごとに集計したものである。この木牘も南郡管轄下の江陵県で県の属吏を務めていた人物の墓から出土した副葬品であり、集計簿そのものではなくその複製と考えられる。

これら①「楽浪郡戸口統計簿」や③「天長漢墓木牘」の「戸口簿」、④「松柏漢墓木牘」の傜役関係集計簿は、必ずしも②の「集簿」のような上計に直接結びつくものとしてのみ作成されていたとは限らない。しかしこのような集計簿が基礎となり上計が行われていたことは間違いない。これらの帳簿は帝国全体の文書行政の末端にあって、その基礎を支えていた。そしてそれははるか楽浪郡にも及んでいたことを、「楽浪郡戸口統計簿」は雄弁に物語っているといえよう。

三　秦漢・魏晋南北朝の戸籍関係出土史料

では、これら戸口簿の集計が作成される際、そのもととなった戸籍とはどのようなものであり、どのように作成されていたのだろうか。

中国では戦国時代から戸籍が作成されていたと考えられているが、秦漢時代までの戸籍実物の出土例はごく限られている。そのうち注目すべきものとして、近年湖南省より発見された「里耶秦簡」と称される秦代末期の簡牘のなかに、戸籍と思われる簡牘が存在する。これは長さ四三センチに達する長大な木簡で、そこに五段書きで戸の構成員が記載されている。以下に例として挙げる里耶城址護城壕K十一出土秦代簡牘・K二七では、冒頭に戸主（南陽里の戸人、秦の不更に相当する楚の爵位を持つ蠻強）その妻の嗛、子供たち・隷属民、そしてこの戸人蠻強は伍長に充てられていることが記録されている（湖南省文物考古研究所『里耶発掘報告』岳麓書社、二〇〇七年。鈴木直美『中国古代家族史研究』刀水書房、二〇一二年）。

南陽戸人荊不更蠻強　妻曰嗛　子小上造□　子小女子駝　臣曰聚
伍長

この戸籍様簡牘は、現時点で発見されている最古の戸籍、あるいはそこからの抜粋と考えられている。簡の長大さには特異な印象を受けるが、「戸人」という表現、また一定のルールで多段書きにする書式のあり方などに、後代の戸籍につながる要素がすでに見受けられるように思われる。

さて、先に秦漢時代までの戸籍実物の出土例は限られている、と述べたが、戸籍の作成についての規定は、漢代の出土竹簡の中から発見されている。これは湖北省江陵県の張家山二四七号漢墓から出土した一二〇〇枚を超える竹簡史料群の中から発見された「二年律令」と称される律令に含まれていた（張家山二四七号漢墓竹簡整理小組『張家山漢墓竹簡　二四七号墓』文物出版社、二〇〇一年）。ともに出土した年譜やこの律令内に現れる王号などから、「二年律令」の「二年」は、前漢初代皇帝・高祖劉邦の妻で、第二代皇帝・恵帝の没後、八年にわたって政権を担ったことで知られる呂后の二年（紀元前一八六年）を指していることが判明している。つまり前漢のまだはじめのうちに施行されていた律令となる。

ここには、毎年八月、県の下に設けられた行政単位である郷の官吏の郷部嗇夫と、県の吏・令史が共同で戸籍を調べ、調査の終わった戸籍の副本を県廷、すなわち県の役所に納めること、また転出した者があれば、そのたびごとに戸籍と爵位・徭役担当に関する情報などを転出先に送り、あわせて封印することが指示されている。以降には転出手続きを担当の官吏らが怠った場合の罰則規定が続く（「二年律令」三二八～三三〇号竹簡）。

このように、前漢初期より毎年八月に戸籍調査が行われ、転出などがある場合は随時その手続きが行われていた。八月の戸籍調査は、文献史料上にも「八月案比」などとして見ることができるが、しかしその例はほぼ後漢に限られる。以下に挙げる『後漢書』列伝二九江革伝は、親孝行の逸話としてもたいへん著名なものであるが、後漢初代皇帝・光武帝の建武年間末（西暦五〇年頃）の事例である。

> 建武の末年、母と與に郷里に帰る。歳時に県の当に案比すべきに至る毎《ごと》に、江革は母の老いたるを以て、揺動せしむるを欲せず、自ら轅《ながえ》の中に在りて車を輓き、牛馬を用いず。是に由りて郷里之を称して江巨孝と曰う。

ここに見えるように、後漢初頭においても唐や日本で後に行われていたような手実の作成はまだ現れず、八月案比の際には人々は老若男女を問わず全員集められ、担当官吏と顔を合わせて年齢や名前などの直接申告が行われていた。このようにして作成された戸籍をある程度体系だったかたちでみることができる実例は、現状ではさらに三国時代まで下る。

湖南省長沙市のデパート工事現場で発見された井戸の中から出土した「長沙走馬楼呉簡」は、三国時代の呉国の、当時この地域に置かれていた長沙郡臨湘県の行政文書・帳簿群で、点数十四万点を数える膨大な史料群である（安部聡一郎「3世紀中国の政治・社会と出土文字資料」『歴史評論』七六九、二〇一四年）。このなかに、所属する里、身分・爵位、姓名年齢や家族構成などを記した竹簡が多数含まれていた。これらの竹簡は長さ二二～二三センチ、幅〇・六～一センチと細いものだが、いずれも上下二カ所に麻紐を用いて編綴した痕跡が残されており、概ねこの痕跡を目安に上中下三分の一ずつに簡面が分かれている。そして以下に例を挙げるように、戸人とそれに属する家族を書く場合、この上中下三分の一を三段として、戸人を筆頭として上段、以下家族が中・下段に分かち書きされている。こうした戸ごとの籍は、里、さらに郷を単位にまとめられ、末尾にはそれに応じた戸数の合計、口数の合計が付される形でまとめられている（長沙簡牘博物館ほか『長沙走馬楼三国呉簡・竹簡』〔貳〕、文物出版社、二〇〇七年）。

広成郷謹列嘉禾六年吏民人名年紀口食爲簿　（貳―一七九八）
郡卒潘囊年廿三　（貳―一七九七）
　　囊妻大女初年廿六　　囊父公乗尋年六十一苦虐病　（貳―一六九六）
　　尋妻大女司年卅四踵右足　　囊男弟公乗　（貳―一六九四）
　　祀女弟□年二歳　　尋姪子女陵年廿六　（貳―一六五五）
　右囊家口食八人　（貳―一六九七）
右広成里領吏民戸五十口食二百九十□人　（貳―一六七一）

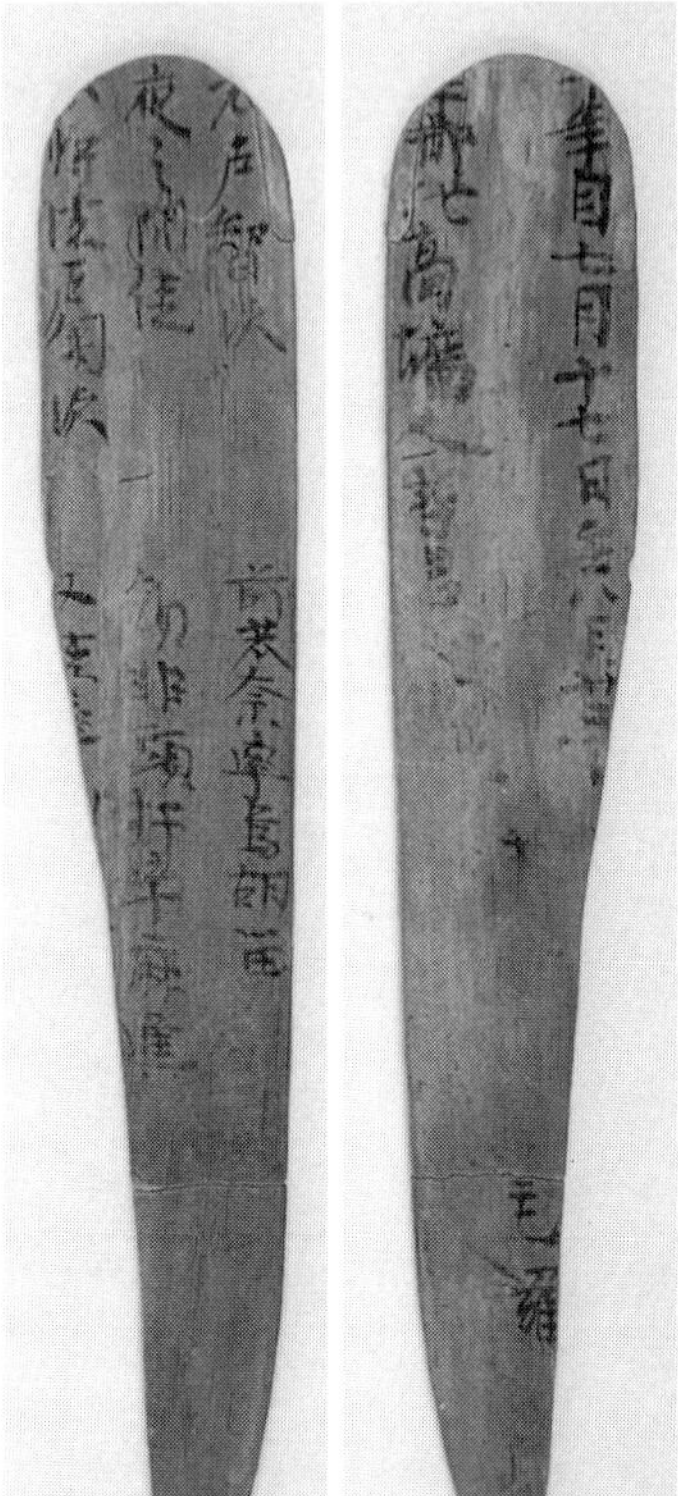

図４　全羅南道羅州市岩里三号木簡

四~五世紀になると、著名な敦煌文書のなかにもその実例があるように、紙に記された五胡十六国の戸籍が確認できるようになる。それら紙の戸籍においても、この三段、あるいは四段に分かち書きする構成は引き継がれている。身分、姓名、年齢などの記録の基本的な組み立て、また分かち書きを利用しての列挙などは、韓国出土木簡のなかにも散見され（図４）、そして日本の正倉院文書中の美濃国戸籍でも同様の書き方が行われている（図５）。戸籍は複数人をひとつの単位として、成員相互の関係を把握するような登録簿ということができるが、このような制度は東アジアに特有のものといわれており、現在でも日本や中国・台湾、そして近年廃止されたが韓国などでのみ見られるものである。むろんこうした戸籍は古代から一貫して存在し続けたものではなく、現行の制度は近代に形作られたものだが、しかしそのルーツはここで簡単に紹介したとおり、秦の時代までたどることができる。そして「楽浪郡戸口集計簿」について述べたとおり、このようにして作成された戸籍に基づき集計が行われ、それが毎年の集計簿となり、王朝中央にまで送られていたことになる。

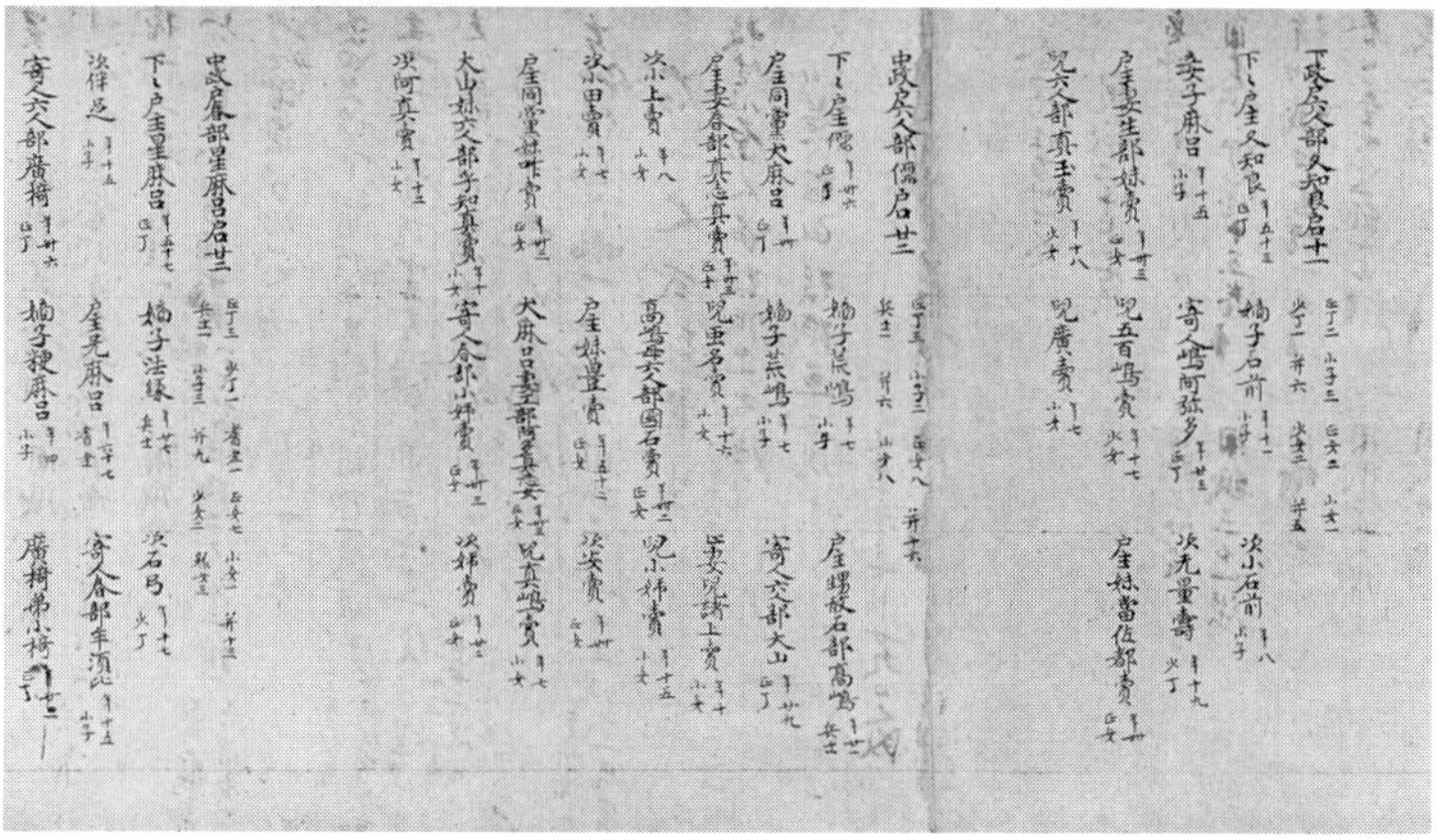

図５　正倉院文書　御野国戸籍　複製

おわりに

本書のテーマは古代東アジアの文字文化と交流であるが、本書掲載の他の論考で詳述されるとおり、日本列島と朝鮮半島の間では、表記の仕方から木簡の形に至るまで具体的な関連性が発見されているが、これに比べ中国と朝鮮半島・日本列島の間の関係は、簡牘が主に使用された時期、また出土している史料の年代の違いもあり、あまり明らかになっていない。

「戸口統計簿」が出土した楽浪郡は、その後の三国時代・西晋時代にも中国王朝の拠点として維持され続けたが、西暦三一三年、西晋末期の混乱のなかで高句麗によって滅ぼされた。こうした過程を経て、楽浪郡において培われた行政経験や文字文化が高句麗へ、さらに百済・新羅へと受け継がれた可能性は、今までもたびたび言及されてきたところかと思われる。なかでも韓国出土の木簡には、例えば棒のような形で複数の記載面をもつ觚のように、居延漢簡など漢代西北辺境部の木簡とよく似た形状のものがあることが指摘されてきたが、楽浪郡も東の異民族と接し、辺境の防衛線の維持を担っていたことから考えれば、楽浪郡での木簡の使い方は、西北辺境部で見られる木簡の運用と共通するところがあったのかもしれない。

筆者はこの点について、漢代西北辺境部の木簡である居延漢簡と、韓国出土の城山山城木簡を比較するなかで、城山山城木簡に特徴的に見られる小枝を活用した木簡作成法と同様の方法が、居延漢簡では特に運送にかかわる割り符の作成を中心に使用されていることを確かめた（安部聡一郎「韓国城山山城木簡と中国居延漢簡の比較研究」『国立歴史民俗博物館研究報告』一九四、二〇一五年）。先述のとおり中国の簡牘と朝鮮半島・日本列島の木簡の間の具体的な関連性を明らかにするのは困難が伴うのであるが、このあたりから具体的な関連を見出していくことを最後に期待しつつ、結びに代えたい。

古代韓国の木簡文化と日本木簡の起源

李　京　燮
（橋本繁訳）

一　韓国木簡の起源

古代東アジア地域の木簡文化は、古代中国の簡牘文化に起源があるが、中国の簡牘文化が古代韓国に流入した後、さらに日本に木簡文化が伝わったものと考えられる。この過程で古代韓国と日本に木簡文化が定着する際に、各地域の文字文化の事情によって変容の過程を経たものとみられる。本稿では、韓国と日本における木簡文化の定着と変容という観点から、古代韓国と日本の木簡文化を比較したい。

古代韓国における中国簡牘文化の本格的な流入は、漢武帝の時に古朝鮮を滅ぼし（紀元前一〇八年）、韓半島西北部地域に楽浪郡をはじめとする漢四郡を設置したことを契機とする。こうした事実は、楽浪郡時代の簡牘資料が出土したことによって、さらに明確になった。特に近年、「初元四年楽浪郡戸口簿木簡」と「論語竹簡」が知られるようになると、楽浪郡では中国内地における簡牘に基づく文書行政システムがそのまま適用され、同時代に流行していた思想も共有されていたことが確認された。これらの簡牘は、一九九〇年代初めに平壌楽浪区域の貞柏洞三六四号墳で出土したようであり、二〇〇九年に韓国木簡学会の『木簡と文字』三、四号に写真とともに紹介された。

まず、戸口簿木簡（図1）は、前漢元帝の初元四年（紀元前四五）における楽浪郡二五県の戸口数と前年度からの増減を集計したものである。木簡三枚が上下に連結する簿籍簡であり、九行ずつ二三字ほど、全体で六八〇字余りが記されている。三枚の木簡を上下に合わせると、長さ二三センチ、幅五センチほどと推定される。こうした楽浪郡戸口簿木簡と類似したものとして、江蘇省連運港市の尹湾漢墓で出土した東海郡集簿と、安徽省天長市の前漢墓で出土した東陽県戸口簿木簡が知られている。東海郡集簿には、前漢末における該当郡の面積・戸数・男女年齢別の人口数、穀物の収入と支出額、一年間の財政状況などが整理されている。東陽県戸口簿には、県下の六郷の戸口が記されている。この二つの木簡は、長さが約二三センチ、幅が七センチで一定の規格性をもっており、楽浪郡戸口簿と類似した形態である。こうした木簡と比較すると、楽浪郡地域においても前漢代に簡牘によって実現された文書行政による郡県支配がなされていたことを確認できる。

論語竹簡（図2）は、二〇巻本論語の巻一一先進篇と巻一二顔淵篇が墨書された竹簡を編綴して書籍としたものである。この論語竹簡の規格は、報告書が刊行されていないために正確にはわからない。しかし、形態や書写方式および書体などを中国河北省定州市の漢墓で出土した論語竹簡と比較すると、類似した点が多い。定州論語竹簡は、長さが一六・二センチ、幅〇・七センチであり、一つの竹簡に一九～二一字を書いて三列の縄で結んでいる。こうした点は、平壌出土論語竹簡と同様であると理解できる。また、後

図1　貞柏洞 364 号墳出土楽浪郡戸口簿木簡

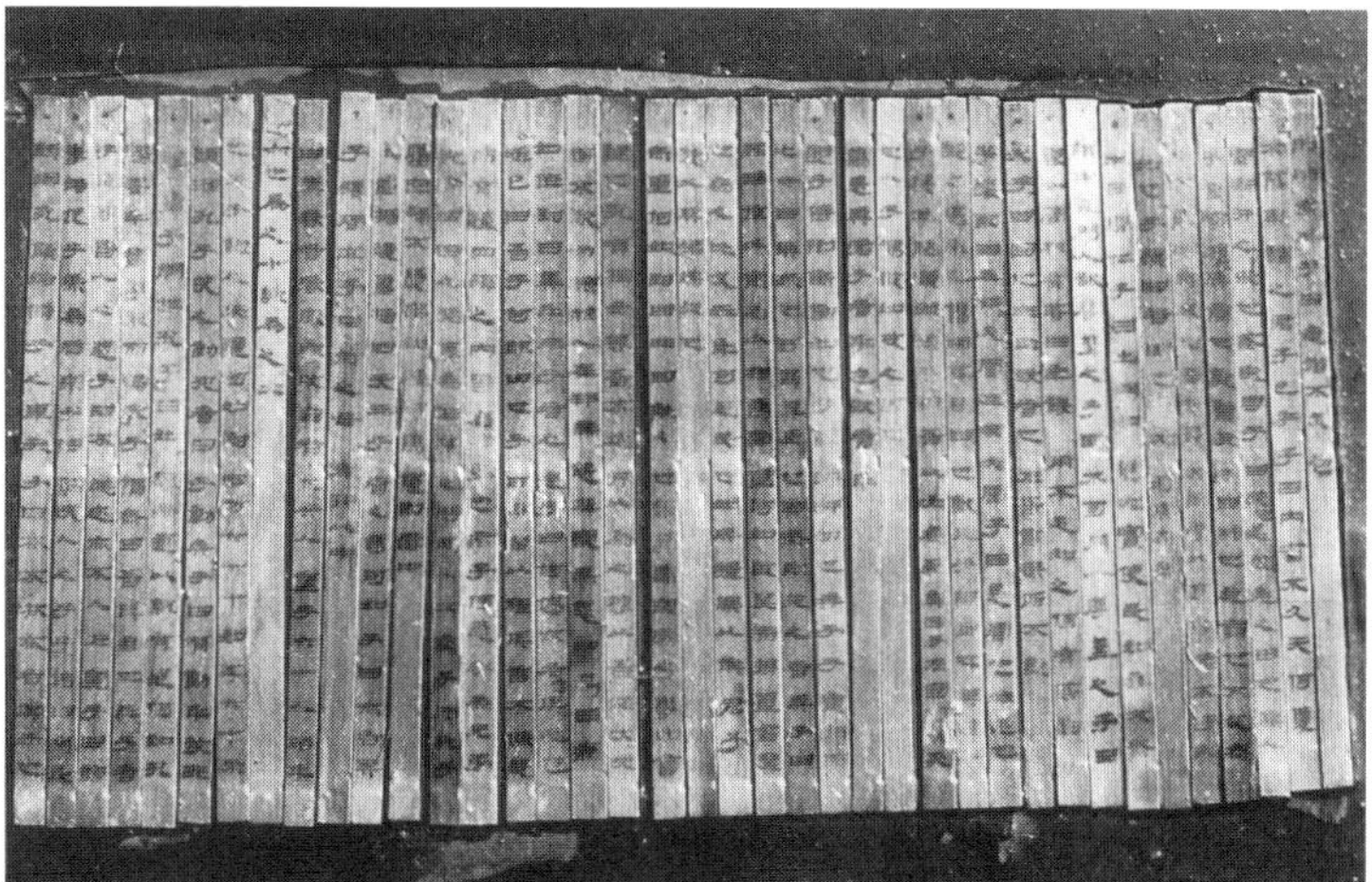

図2　貞柏洞 364 号墳出土論語竹簡

述するように平壌は竹簡を製作するための竹が成育するには不適当な環境であるため、平壌の論語竹簡は、中国内地で製作されて輸入したか、編綴用に作られた竹簡を輸入して現地で筆写したものとみられる。

また、南井里一一六号墳（彩篋冢）で出土した木簡は、柏木を利用した長さ二三・七センチ、幅七・二センチ、厚さ〇・六センチの長方形の薄い木板形であり（図3）、一面三行に「縑三匹／故吏朝鮮丞田肱謹遣吏再拝奉／祭」と記している。これは、被葬者の故吏であった朝鮮県丞の田肱が、人を送って葬礼の礼物として縑《かとり》三匹を捧げたという内容であり、一種の賵方《ぼうほう》（あるいは書方）木簡であったと考えられる。用途には差異があっても、書式や規格などで漢代の名謁木簡と類似した側面がある。

これまでみてきたように、簿籍と書籍（論語）、礼制と関連する賵方木簡などが確認されたことから、楽浪郡などを通じて韓半島西北部地域を中心に、漢代以後の簡牘文化（広くは書写文化）が流入していた事実は、否認できないだろう。

二　韓国古代木簡文化の特性

紀元前一世紀以後、楽浪郡をはじめとする漢四郡の存在は、古代韓国地域に文字文化が流入する重要な契機になったことは明らかである。しかし、現在知られている資料からみると、楽浪郡時代の簡牘と韓国古代木簡の間には、時間的、文化的距離が感じられる。紀元前後の資料である楽浪簡牘から、数世紀が過ぎた六世紀になってようやく百済と新羅木簡が確認され、高句麗の木簡は現在まで知られていない。また、これら木簡の形態や書写様相などを比較すると、楽浪簡牘文化の直接的な影響関係は確認しがたい。

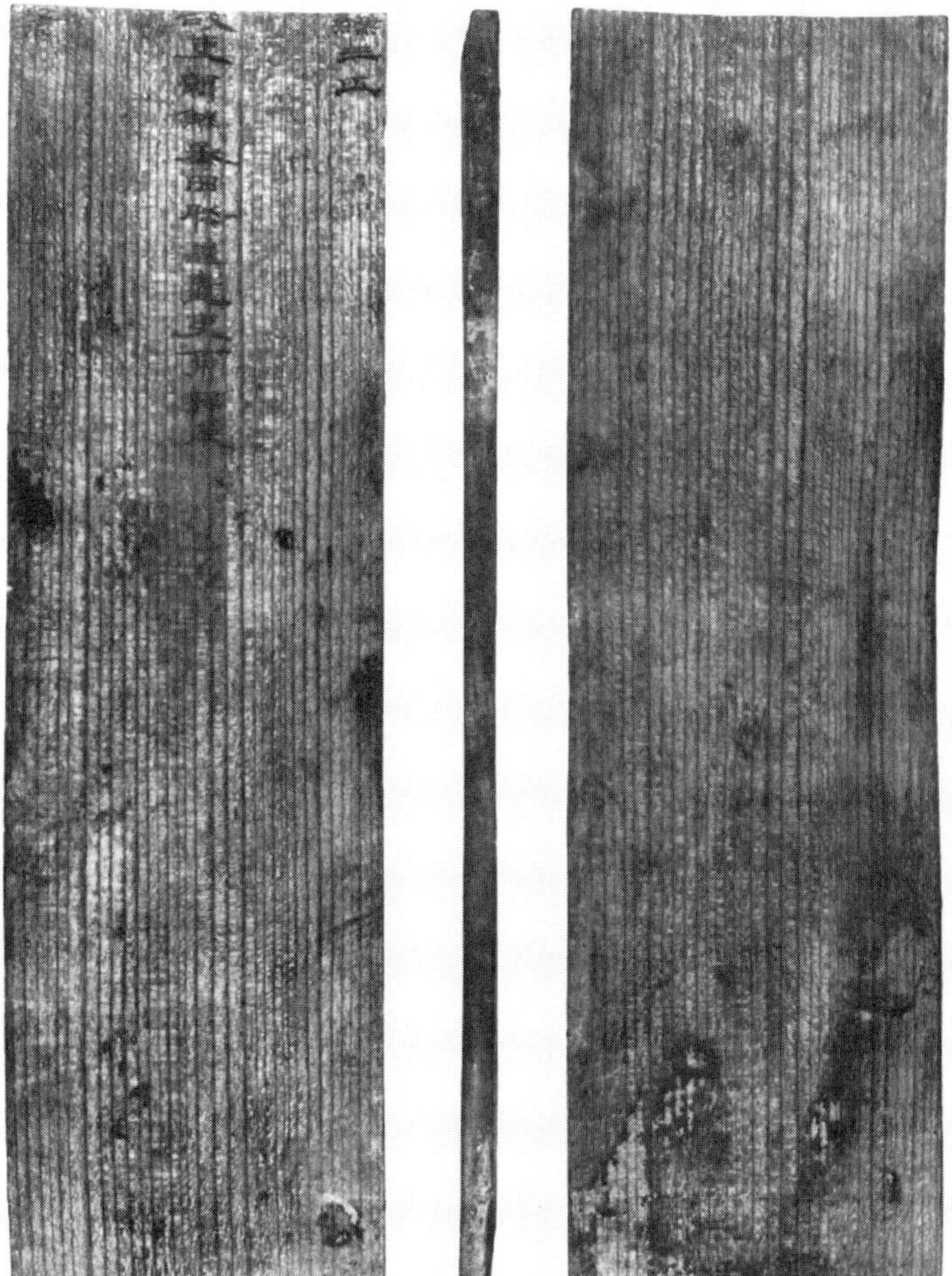

図3　彩篋冢木簡

もちろん、『三国史記』や広開土王陵碑などを通してわかるように、六世紀以前にも古代韓国で文字は使用されており、紙が広範囲に普及する前の時代という点を勘案すると、木簡が書写材料として重要な地位を占めていたのであろう。

しかし、現存する六世紀以降の韓国木簡は、中国秦漢時代以来の簡牘文化とは内容や形式的な側面で差異がみられる。こうした現象の原因は、まず、皇帝を頂点として郡県を通じた編戸斉民の理念を現実化させた中国の簡牘文化をそのまま受容することができなかった古代韓国の政治、文化的状況に求めることができよう。韓国の古代国家は、高句麗・百済・新羅三国の時間差は存在するが、四世紀を経て本格的に登場しはじめて、この過程で文字使用が導入されて拡散したと考えられる。そして、書写材料の中心に木簡が存在したのであろう。

高句麗は国初から文字を使用して『留記』一〇〇巻を残したといい、小獣林王三年（三七三）の律令頒布や、四一四年に建立された広開土王陵碑を通しても、早い時期から文字が使用されたことがうかがえる。百済は、近肖古王代（三四六〜三七五年）に至って国家的な書記制度をある程度整えたことが知られている。三世紀初めに遼東の公孫氏政権が現在の漢江以北の京畿道北部地域と慈悲嶺以南の黄海道一帯に設置した帯方郡と隣接して、早い時期から中国郡県勢力との交渉と対立が展開したために、中国の文字文化を受容するのに有利な状況であった。これに比べて、韓半島東南部に位置した新羅は、中国王朝や郡県勢力との直接的な接触が容易でなかった。このことは、文字の受容という側面で不利に作用した。しかし、四世紀後半の麻立干時代には、国家的な文字使用が初歩的に導入され、六世紀前半の文書碑（中城里碑（五〇一年）、冷水里碑（五〇三年）、鳳坪碑（五二四年））の存在や、法興王七年（五二〇）の律令頒布などから、一定水準の国家的文書行政が行われていたことがわかる。

このように三国では、各国が置かれた環境のなかで国内外の必要によって文字使用が導入された。最初は中国との交流のなかで文字を認識しはじめて、古代国家が成長する過程で領域と人民を支配するための手段として文字の使用が拡散したのである。そして、まさにこの過程で、文字の書写材料として木簡が使用された。

韓国木簡文化のもっとも大きな特徴は、「木簡」であることである。書写材料として木だけが選択されて使用されたことは、中国簡牘文化との明らかな違いであり、古代韓国的変容といえよう。竹と木を使用した中国の簡牘文化は、楽浪が設置された韓半島西北部地域に流入するとともに、木簡の文化が定着したと思われる。これは、簡牘文化が流入した韓半島西北部地域の環境的要因に起因すると考えられる。平壌を中心とした西北部地域は、竹簡を製作するのに適した大きさの竹が育たない環境であった。

中国の場合、竹は淇水、渭水流域を含む山西省と河南省の境界地域を北の限界線として生育する。簡牘文化の絶頂期である秦漢帝国の中心領域では、竹の入手と使用が容易だった。付札のような単独簡には木が主に使用された反面、竹は書籍と簿籍類のような多くの情報量の集積を必要とするところで使用された。そして、竹を入手しがたい西北辺境の沙漠地帯や北方では、竹簡の代用として木簡を編綴して使用することもあった。こうした事例として甘粛省敦煌市懸泉置遺跡の「伝車亶轝簿」は、マツ材を利用して製作した編綴簡である。

古代韓半島に設置された楽浪郡と帯方郡では、平壌論語竹簡のような書籍類は中国内地から輸入したと思われ、簿籍類は木簡を編綴したり戸口簿木簡のようにしだいに大型の長方板形木簡または多面体の觚を主に使用するようになったと考えられる。特に、平壌論語竹簡は、中国内地で発見された定州論語竹簡と、形態や規格および編綴方法や書体、文字資料（論語・戸口簿）、環頭刀子などの埋葬風習などにおいて類似点が指摘され、中国内地から流入したものともいわれる。あるいは、竹を輸入して楽浪郡の現地で製作する慣行も存在した可能性が大きい。

結局、楽浪・帯方郡の簡牘文化は、製作や活用の側面で「木簡」を中心に展開し、周辺の高句麗と百済に直接的に影響をあたえて、古代国家の発展過程で自然と書写材料の中心になったものと考えられる。

つぎに指摘できるのは、韓国木簡文化の重要な特徴が「単独簡の文化」だという事実である。書写材料の特性からみると、竹簡は編綴して冊書の形態で、木簡は単独簡として使用しやすいものである。特に編綴簡は、書籍や簿籍のように多量の内容を墨書したり情報の集積のために主に使用されたが、古代韓国の初期木簡文化は、人名や事物の名称と数量などを表記する簡単な文字の活用から始まったと推定される。漢代の場合、名簿簡または物品簡の性格をもつ木簡は、ほとんど「楬」と区分される単独簡が使用された。古代韓国の初期木簡文化も、このような様相で始まって展開した可能性が大きい。『三国志』東夷伝高句麗条にみえる、周辺集団の名簿を管理したことや、大加が置いた使者、皁衣先人の名前をすべて王に報告したという記録から、初期の文書行政の様相をうかがい知ることができる。この時、書写材料として、木簡が使用されたのであろう。

その後、国家制度が整備されて文書行政が発展するとともに、木簡に記さなければならない情報の内容と量も増加する。この過程で選択された木簡が、多面木簡と円柱形木簡であったとみられる。特に、古代中国的な編綴竹簡や、木簡で製作した編綴簡が確認されない点から、こうした特徴は明らかである。現在までに出土した韓国の木簡は、百済は二一〇点余り、新羅は五六〇点余りが知られている。年代は六世紀から八世紀のもので、高句麗木簡はこれまで報告されていない。ところで、これらの木簡には、多面・円柱形木簡が六～七世紀資料に多くみられ、主に文書や帳簿、習書、暗誦用木簡などに使用されている（図4～6）。木簡に記載される内容が多様化して増大するとともに、単独簡で最大限多くの内容を書くために木簡の形態的な側面から多面・円柱形木簡が選択されたといえる。

結局、多面・円柱形木簡の広範囲な活用は、古代韓国の単独簡文化が進化した結果と考えられる。もちろん、多面木簡の形態は中国簡牘の觚に起源があるが、文書や帳簿などにも広く使用されたことは、古代韓国的特徴といえよう。さらに、古代日本木簡の場合、多面・円柱形木簡の使用がそれほど確認されていないため、これを韓国木簡文化の特徴とする重要な根拠にもなる。

ここでひとつ留意したい点は、古代韓国における紙の使用に関する問題である。六世紀半ばの城山山城出土文書標識（題籤軸）木簡や、月城垓子で出土した紙の購入に関する木簡の存在から、紙が文書行政や写経などに広く使用されていたことを確認できる。紙とその製作技術は、遅くとも四世紀以前に中国から伝わったと思われる。古代国家が発展する過程で、高句麗と百済においては四世紀以後、本格的に紙の文書行政が導入され広がったとみられる。文字文化の展開過程で木簡の文化がまず始まったが、紙の文化がその後に流入して相互補完的に展開した。この紙木併用期に、古代韓国で単独簡の木簡文化的特徴が定着したのである。

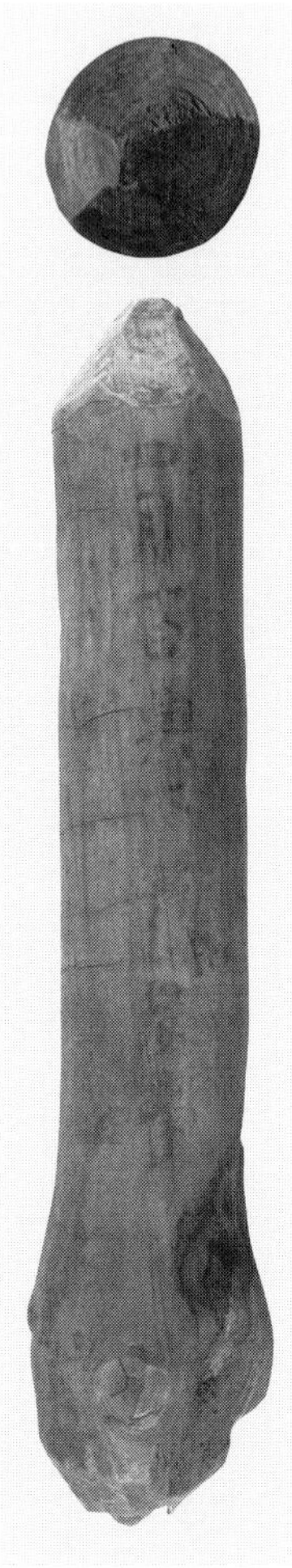

図4　円柱形木簡　月城垓子木簡一五三号

図5　新羅の多面木簡　月城垓子木簡一四九号

図6　百済の多面木簡　陵山里出土支薬児食米記

三　百済と新羅の木簡

韓国の木簡文化で重要な特徴として挙げられる多面・円柱形木簡の様相を詳細にみると、新羅と百済木簡とではそれぞれ違いのあることが確認される。古代韓国の多面・円柱形木簡文化の特徴は、木簡の個数が多数確認される新羅木簡の分析を通してまず指摘された。新羅の多面・円柱形木簡は、城山山城（六世紀）、月城垓子（六～七世紀）、二聖山城（七世紀）、雁鴨池（八世紀）などの遺跡で出土している。全般的な傾向として、六～七世紀に多く使用され、八世紀以降にその使用例が顕著に減少することが指摘されている。

百済の多面・円柱形木簡は六～七世紀のもので、泗沘都城があった扶余地域で主に出土している。このうち、多面木簡は、主に陵山里寺址出土木簡で確認されており、宮南池木簡の一点、双北里ヒョンネドゥル木簡の一点も報告されている。宮南池とヒョンネドゥル木簡は、七世紀初めまたは前半期と推定され、いずれも習書木簡として使用されている。六世紀中後半のものと考えられる陵山里の多面木簡は、大多数が文書木簡と判断される。現在まで知られている百済の多面木簡からみると、文書木簡から習書木簡へと次第に用途が変化していることがわかる。つまり、六世紀には主に文書木簡として使用され、七世紀に入ると文書木簡は確認されず習書木簡として使用された例が出土しているのである。こうした変化は、木簡文化の展開でそれなりの意味を内包しているものと考えたい。

これとともに、七世紀以後における百済の文書木簡は、形態的に長方板形木簡が登場して主に使用された。長方板形木簡は、細くて長い長方形の薄い木簡を意味し、日本の短冊形木簡がこれに該当する。こうした形態としては、新羅においても月城垓子二〇号、雁鴨池三号、慶州博物館敷地一号、皇南洞一号、二聖山城木簡などが知られている。大きさが比較的大型で、全時期にわたって文書木簡や習書などの用途で広く使用された。百済木簡でも、完全な形態で出土した木簡に長方板形木簡が比較的多く確認されている。長方板形は、扶余地域のみならず、百済の地方であった羅州伏岩里遺跡でも確認され、当時の百済社会で一般的に使用された木簡の形態だったとみてよいだろう。穴を空けたものも多く確認されるが、これは保管したりするなど単純な便宜のためであったり、木簡の用途と関連して縛るためであったと考えられる。

これらの木簡のなかには、一般的に長方形ではないものがある。そのような形態として、羅州伏岩里一二号木簡と官北里二八五号木簡（図7―3）が留意される。伏岩里一二号木簡は完形で上端と下端部の角を半円形に整えており、官北里二八五号も下端が欠損しているが上端を半円形にしている。こうした形態の木簡は、長方板形木簡から派生した形態とみられ、木簡を定型化する趨勢が反映されたものと思われる。

完形の長方板形木簡は、もっとも長いものが六〇・七センチ（伏岩里四号）に達し、もっとも短いものは一二・六〜七センチ（官北里二八八号、陵山里三〇五号）にすぎない。陵山里三〇五号は一種の書簡と推定され、その形態においても他の木簡に比べて幅広で厚く、一般的な長方板形木簡とはみなしがたい。官北里二八八号木簡は、ほかの長方板形木簡の場合、多くが文書木簡の内容をもっているのに対して、「下賤相」という墨書の意味が明らかでないが、付札木簡である可能性が高い。長方板形であるが付札木簡として使用された例として、伏岩里八号木簡が確認される。この木簡は、下端が破損しているが「上去三石」の三石と上端の穴からみて、付札木簡として使用されたと思われる。このように、付札木簡として使用されたものを除くと、長方板形木簡は、長さ二六センチ、幅三センチ、厚さ〇・五センチほどがおおよそ平均的な大きさとして製作、使用されたとみられる。このような一般的な傾向に基づいて、長方板形木簡の大きさは、伏岩里五号や宮南池二九五号（図7―1）、双北里佐官貸食記木簡（図7―2）の事例のように、木簡の面に書かなければならない内容にともなう書式と文字の数によって調整されたものと考えられる。

このような百済木簡の様相は、当時の百済社会で木簡から紙へと書写材料の交替がなされた事実を反映

図7　百済の長方板形木簡

1　宮南池二九五号

2　双北里佐官貸食記

3　官北里二八五号

しているると推測できよう。新羅の月城垓子二号木簡を通してわかるように、新羅の王京では五六〇年代に写経用紙を購入する様子が確認されている。もちろん、このころは紙と木簡を同時に使用する時期であることは明らかであるが、しだいに紙の文化が拡散していったと想定できよう。さらに、百済は、新羅に比べて中国の文化を楽浪と帯方郡を通して早い時期から受容してきており、すでに近肖古王代に書記の文書行政が国家的に導入されて展開していた。また、五四〇年代には、南朝梁の名士である蕭子雲の文字を高い代価を支払って得ようとする百済使臣の姿が知られている。これは、文字の美しさに対する素養なくしては不可能なことであり、蕭子雲から譲り受けた「書三十紙」が紙であったことは明らかである。こうしたことからすると、六世紀をへて百済社会に紙に対する認識と使用が拡散していったと推測できる。しかしながら、木簡の時代が終焉を告げたわけではない。七世紀の文書木簡と推定される扶余の宮南池、双北里、官北里出土木簡と羅州の伏岩里木簡が持続的に報告されているためである。

ところで、これらの文書木簡は、大部分が長方板形であり、多くの文字と複数行、複数段からなる複雑な書式からなる傾向をみせている。すなわち、多面木簡が広範囲に占有していた文書木簡を、七世紀以後には長方板形木簡が大多数を占めたのである。その理由は、制度の進展と整備による文書行政の発展という必然性のためでもあろうが、紙文書の書式が文書木簡に反映される傾向も一つの理由であっただろう。いずれにせよ、多面木簡は一つの面に一行以上を書くには不便であったために、紙のような平面形の書写材料にしだいに馴れていくとともに多面木簡の比重が減っていったと思われる。その後、文書や記録類の木簡で長方板形木簡が主流になると、さらに精製化された整形性をもつようになったとみられる。結局、多面木簡は、七世紀前半以後、それ以前の文書木簡で占めていた主導的地位を喪失するとともに、しだいに習書などの限定された用途に使用される書写材料の地位を維持したものと考えられる。

こうした事実からすると、新羅では統一以前まで多面（円柱形）木簡が文書木簡をはじめ多様な用途に使用されたとみられるが、先に言及したように百済では多面（円柱形）木簡の用途が七世紀に入るころに習書などの用途に限定されたようである。これと関連して、百済の文書木簡のうち、文書および記録類の木簡を中心に、六世紀から七世紀を経過するとともに多面木簡から長方板形木簡へと変化していったと思われる。結局、百済の書写文化は、新羅よりもやや先行する六世紀から七世紀に入ると紙による文書行政が整備され、長方板形木簡が多面・円柱形木簡の用途を代替していったと考えられる。

これまで検討してきたように、新羅と百済は、文書木簡の形態と、用途の変化過程において差異が確認される。さらに、現在出土している付札木簡からも、両国の木簡文化における違いがみられる。木簡の用途は、大きく文書木簡、付札木簡、その他に区分できる。このうち付札木簡は、主に移動する荷物に付ける荷札と、倉庫での保管や物品整理などのために付ける物品付札に分けられる。おおよそこれら付札木簡の形態は、切り込みをいれて製作されて使用される。興味深いのは、この付札木簡の形態において百済と新羅木簡で異なっているという点である。

咸安城山山城からは、六世紀半ばに新羅地方社会で製作された荷札木簡が大規模に発掘、報告されている。ところで、城山山城木簡のほとんどは、切り込みが刻まれたのとは反対方向から文字を記している（図8-3）。統一以前の新羅の王京で使用されて廃棄された月城垓子木簡の付札木簡（図8-4）も、城山山城の付札木簡と同様に、切り込みを入れたのとは逆側から文字を書く傾向が確認される。これに対して六世紀以降の百済の付札木簡（図8-1）は、その個体数は少ないが、すべて切り込みがある上端から文

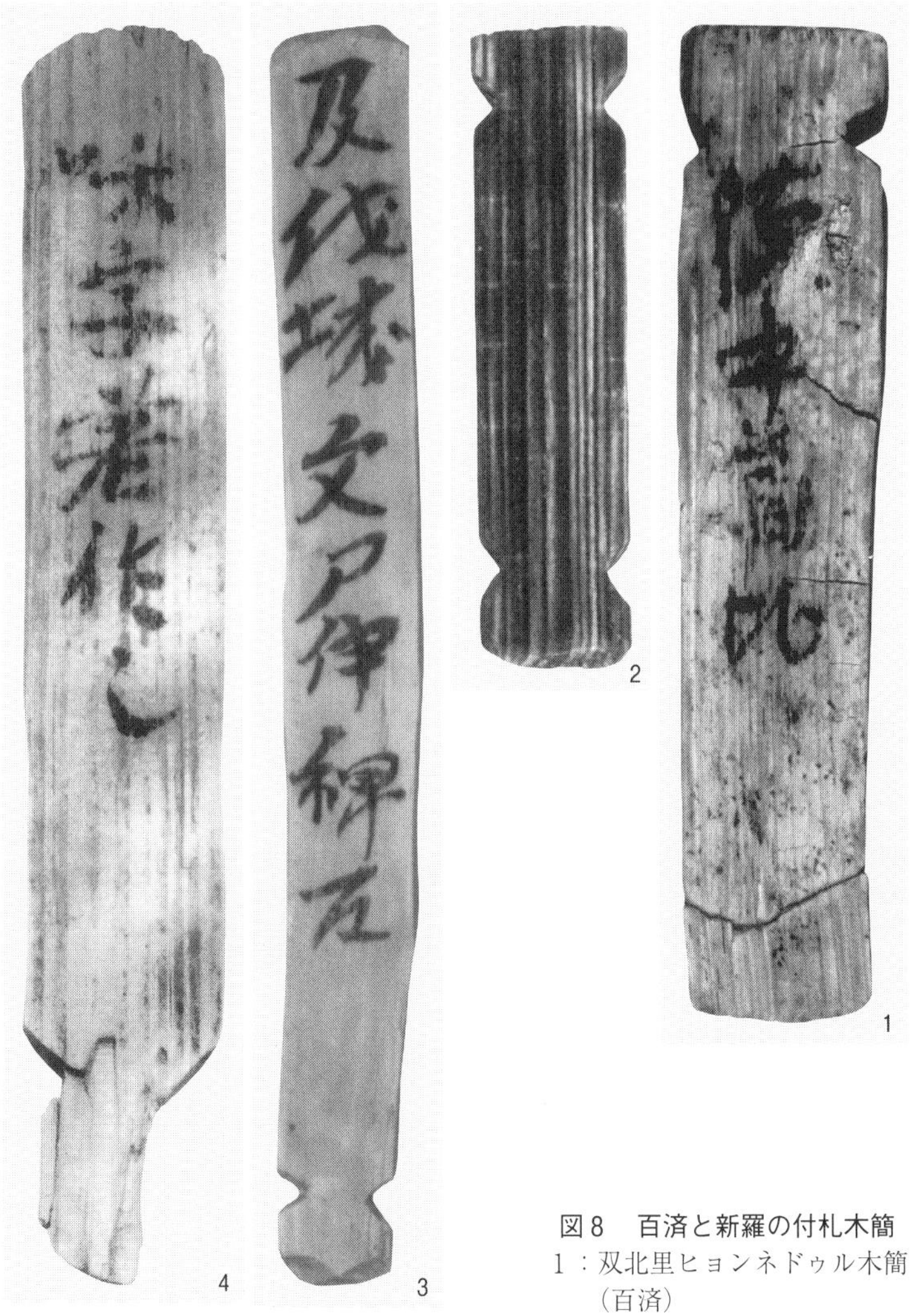

図８　百済と新羅の付札木簡
1：双北里ヒョンネドゥル木簡（百済）
2：官北里木簡（百済）
3：城山山城木簡（新羅）
4：月城垓子木簡（新羅）

字を記入している。これは、付札木簡の製作慣行に両国の相違があり、木簡文化という視角から一つの有意味な差異と指摘できるだろう。ところで、新羅が三国を統一した後である八世紀の雁鴨池からは、切り込みを入れた方向を上にして文字を書いた付札木簡が出土している。こうした現状からみると、新羅では付札木簡の製作慣行が統一以後に変化したといえよう。

図8-2で提示した官北里出土の百済の付札木簡は、木簡の両端に切り込みを入れているが、現在までこうした形態をもつ早い時期の韓国木簡は見出しがたい。おおよそ付札木簡の流れからみると、切り込みは上端や下端の片方に刻むのが一般的な形態であり、その後、次第に両端に切り込みを入れた木簡を使用したと推定される。これを考慮すると、切り込みを入れた側を上にして文字を書いた木簡を製作して使用していたが、しだいに下側にも切り込みを入れた可能性が大きいと思われる。

このような両端切り込み形の木簡は、日本木簡の分類で〇三一型式に該当する。これまでに知られる韓国の木簡からすると、両側に切り込みを入れた付札木簡の使用は、七世紀初めに百済で始まったと考えられる。

四　日本木簡の起源――韓国木簡との比較――

一九九〇年代後半以降、韓国で本格的に木簡が出土するようになると、古代日本の木簡文化と古代韓国の木簡文化を比較する研究が活発に展開された。これは、基本的に韓国の木簡が七世紀以降の日本木簡と時間的に近い距離にあり、木簡に内在された文字状況の類似性が認められたためである。そのため、韓国の木簡が新たに出土して知られるたびに、日本の研究者は非常な関心をもち、その結果、類似性をもつ個別木簡を比較する研究が活性化した。こうした研究の基盤の上に、日本木簡の起源と変容の問題を考えたい。

　まず、竹が生育する日本で竹簡が発見されていないのは、古代韓国から木簡の文化を受容したためであったと考えられる。七～八世紀は紙木併用期であったために、書籍や帳簿に竹簡に代わって紙が使用されるようになったと考えるのは困難である。韓国でも六世紀以後、紙木併用期に入るとともに、それ以前に使用されていた編綴簡がなくなり、多面木簡が編綴簡や紙の代用として広く使用されたという見解が提起されているが、古代韓国では中国簡牘の伝統的な編綴竹簡は存在しなかった。特に、文書類の単独簡は、より多くの内容を記すために多面・円柱形木簡の使用が拡散したが、その後、時代が進むにつれて文書行政とその記載内容がさらに複雑化するとともに、ふたたび数行、数段からなる書式の長方板形（短冊形）木簡が製作されて使用された。もちろん、この過程のある時点で紙が同時に使用されはじめたと考えられる。そして、こうした木簡文化の展開は、国家制度の発展過程からみると、古代韓国では新羅より百済が先行していたことは明らかである。

　日本最古の木簡としては、六四〇年代のものが知られており、六世紀にも木簡が使用されたと推測される。『日本書紀』で確認される阿直岐《あちき》と王仁《わに》の伝承や、王辰爾《おうじんに》と膽津《いつ》に対する記録もこうした仮説を裏付ける。古代韓国から文字技術をもって渡倭した彼らは、韓国木簡の経験と文化を土台に活動したのであろう。このように、日本で竹簡が出土しない淵源は、古代中国の簡牘文化から選択的に受容して展開した古代韓国の木簡文化と直接的に関連があると考えられる。

次に注目される点は、韓国で広く使用された多面・円柱形木簡が、日本では特定の用途でのみ使用されたことである。まず、円柱形木簡はほとんど出土しておらず、多面木簡はおもに典籍（論語）を練習する習書用や九九段などを学習するテキストとして活用されたようである。こうした現象は、先に言及したように百済の多面・円柱形木簡が七世紀以降、主に習書用に限定されることと類似した側面がある。このような事実は、百済の長方板形木簡と古代日本の短冊形木簡の様相とも関連があると考えられる。百済では七世紀以降、文書木簡として多面・円柱形木簡より長方板形（日本の短冊形）木簡が定型化して複雑な書式で広く使用された。このような完成期の百済の木簡文化が、日本木簡にある程度直接的な影響を与えたと推測される。すでに以前から阿直岐と王仁、王辰爾と膽津のように百済系渡来人の文字技術が流入していたところに、六六〇年の百済滅亡と復興運動の失敗以降、百済遺民が大規模に渡来したことは、百済の文字文化が直接的に流入する一つの大きな契機になったと考えられる。日本木簡の出土現況をみると、それ以前の数百点程度の木簡に比べて、六七二年から六九四年までの飛鳥浄御原宮時期に出土した木簡は一万点以上に急増している。これは、律令頒布などの要因からも説明できるだろうが、大規模な百済遺民の渡来による識字層の画期的な増加に起因したと考えられよう。

百済木簡と日本木簡の類似点は、付札木簡の切り込みの位置からも確認される。新羅の付札が切り込みを主に下に入れるのに対して、百済木簡は切り込みを上に入れたり上下両方に入れる事例が発見されている。こうした点は、日本の付札も同様である。文書木簡の場合、扶余双北里で出土した百済の佐官貸食記木簡について、古代東アジア律令制の影響関係という視角から研究がなされており、中国の「貸食制」が百済を経由して古代日本の出挙制に影響を与えたという。

これまで日本木簡の起源について、中国簡牘文化から成立した韓国木簡との関連性のなかで検討してきた。文書木簡の様相をさらに詳細に言及すべきであろうが、日本木簡に比べて韓国木簡の数があまりに不足した現状で、全体的な流れについて指摘するに留まった。この点は、今後新たな韓国木簡の出土が続くならば、古代韓国と日本木簡の比較研究がさらに充実していくものと期待される。

古代の「村」は生きている

平川　南

一　『風土記』の世界――「村」から「里」――

古代の地方制度は、国―郡―里（郷）という三段階の組織によって統治された。一戸を二〇～三〇人単位で編成し、五十戸で一つの里とした。地方行政機構の末端の「里」とは別に「村」が存在した。「村（ムラ）」は「ムレ（群）」と同じ語源とされている。「フレ」も、村の古語、古代朝鮮の村落の呼称である。古代の漢和辞書『類聚名義抄《るいじゅみょうぎしょう》』（十一世紀末成立）によると、「村、音《おん》は尊（そん）、ムラ・サト、聚落なり」とある。「村」は、多数の人が集まって営む聚落（集落）のことである。

七世紀後半、古くからの村を基盤として、里制が施行された。その経過をものがたっているのが、和銅六年（七一三）に諸国に作成が命ぜられた地誌『風土記』である。

イ『播磨国風土記』揖保《いひぼ》郡条（図１・２）

越部《こしべ》の里《さと》　旧《もと》の名は皇子代《みこしろ》の里《さと》なり。土《つち》は中《なか》の中《なか》なり。皇子代《みこしろ》と号《なづ》くる所以《ゆゑ》は、勾《まがり》の宮《みや》の天皇《すめらみこと》のみ世《よ》、寵人《うつくしびと》、但馬君小津《たじまのきみをつ》、み寵《めぐみ》を蒙《かがふ》りて姓《な》を賜ひ、皇子代君《みこしろのきみ》と為《な》して、三宅《みやけ》を此の村《むら》に造りて仕《つか》え奉《まつ》らしめたまひき。故《かれ》、皇子代《みこしろ》の村《むら》といふ。後《のち》、上野《かみつけの》の大夫《まへつぎみ》、卅戸《みそへ》を結《むす》びし時に至り、改めて越部《こしべ》の里《さと》と号《なづ》く。一《ある》ひといへらく、但馬《たじま》の国の三宅《みやけ》より越《こ》し来《き》たれり。故《かれ》、越部《こしべ》の村《むら》と号《なづ》く。

勾宮天皇（安閑天皇）に皇子がいないため、勾宮に寵愛された但馬君小津は「皇子代君」のウジを賜わり、三宅（屯倉）が設けられた。その地を「皇子代村」とした。持統四年（六九〇）当時の播磨国守上野大夫（上毛野朝臣男足）は五十戸で一里とするが、余剰分の三十戸で一里とし、超過の意味から、越戸＝越部《こしべ》の里という。ある説では、但馬国の三宅より越し来たことから「越部村」という。

大田《おほた》の里《さと》　土《つち》は中《なか》の上《かみ》なり。大田《おほた》と称《い》ふ所以《ゆゑ》は、昔、呉《くれ》の勝《すぐり》、韓国《からくに》より度《わた》り来て、始《はじ》め、紀伊《き》の国名草《なぐさ》の郡《こほり》の大田《おほた》の村《むら》に到《いた》りき。其の後《のち》、分《わか》れ来て、摂津《つ》の国三嶋《みしま》の賀美《かみ》の郡《こほり》の大田《おほた》の村《むら》に移《うつ》り到《いた》りき。其《そ》が又《また》、揖保《いひぼ》の郡《こほり》の大田《おほた》の村《むら》に遷《うつ》り来《き》けり。是《こ》は、本《もと》の紀伊《き》の国の大田《おほた》を以《も》ちて名と為《な》すなり。

朝鮮半島から渡来した呉勝という人物が紀伊国名草郡大田村に到来し、そののち、播磨国揖保郡に移ったが、紀伊国大田を村名としたという。

少宅《をやけ》の里　本《もと》の名は漢部《あやべ》の里なり。土は下の中なり。漢部と号《なづ》くる所以《ゆゑ》は、漢人《あやひと》、此の村に居《を》りき。故、以ちて名と為す。後に改めて少宅《をやけ》といふ所以は、川原の若狭の祖父《おほぢ》、少宅の秦公《はたのきみ》の女《むすめ》に娶《あ》ひて、即《やが》て、其の家を少宅と号《なづ》けき。後、若狭の孫の智麻呂、任されて里長と為《な》りき。此に由りて、庚寅の年、少宅の里と為せり。

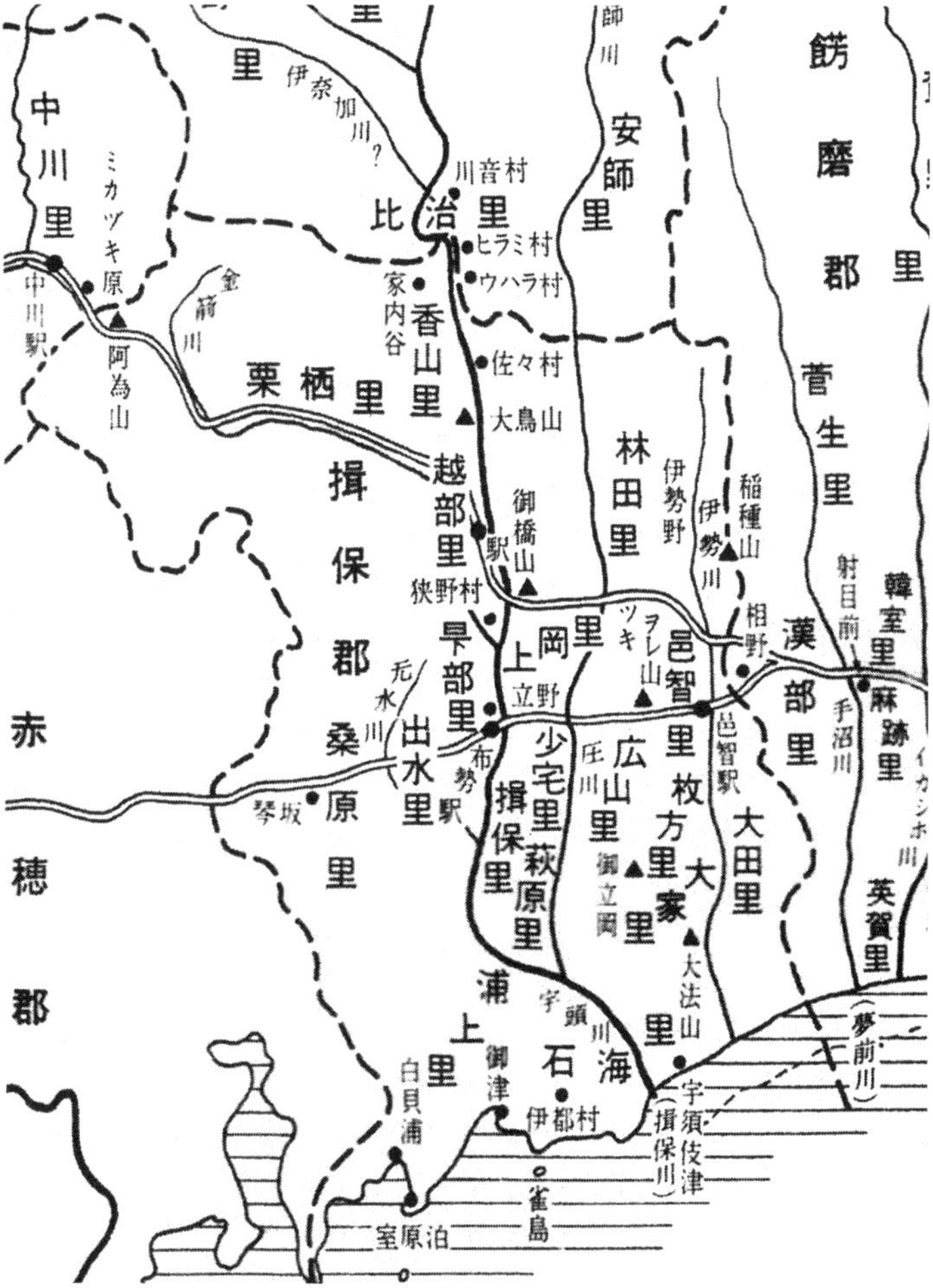

図１　『播磨国風土記』揖保郡

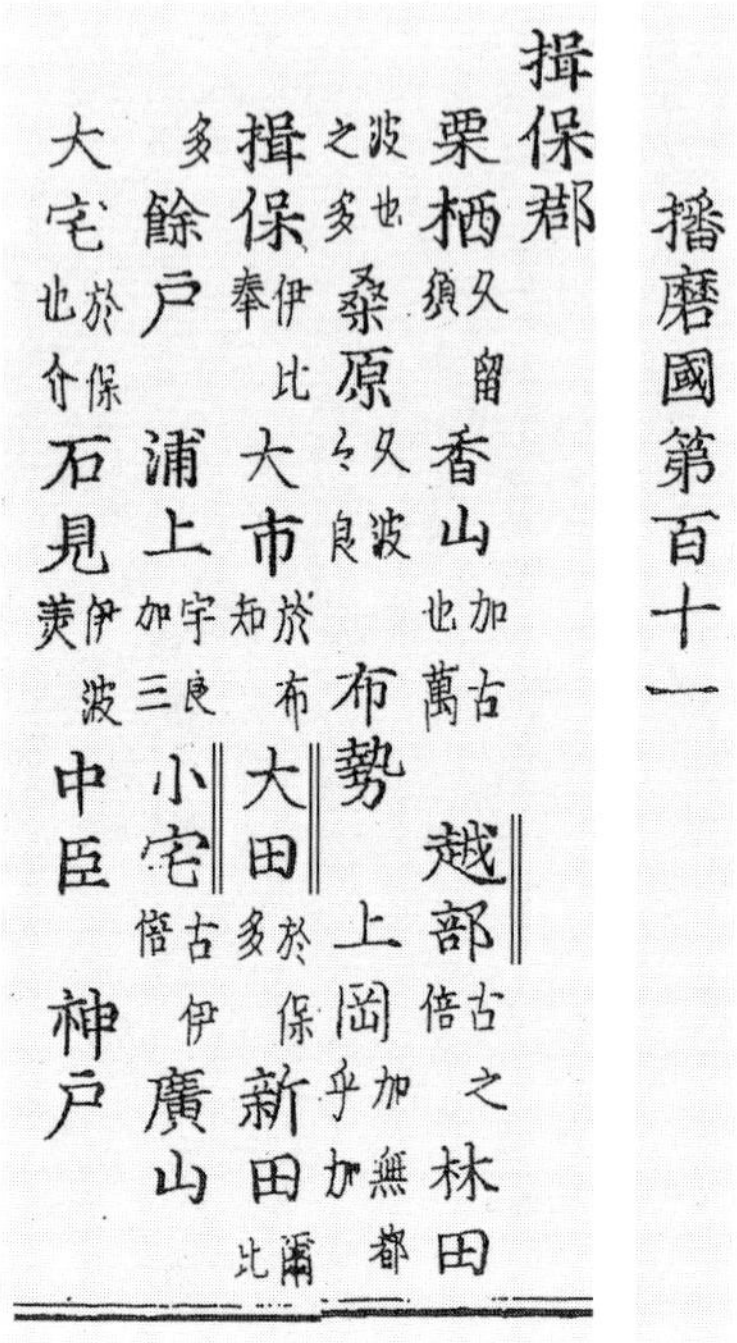
播磨國第百十一
揖保郡
栗栖久留須　香山加古也萬　越部古之倍　林田波也
之多　桑原久波々良　布勢　上岡加無都乎加
揖保伊比奉　大市於布知　大田於保多　新田爾比
多　餘戸　浦上宇良加三　小宅古伊倍　廣山
大宅於保也介　石見伊波美　中臣　神戸

図２　『和名類聚抄』元和古活字本
播磨国揖保郡より

渡来した漢人が居したことから漢部村といい、川原若狭の祖父・少宅秦公の孫が里長に任ぜられ、持統四年（六九〇）の庚寅年籍《こういんねんじゃく》作成の際、「漢部村」を「少宅里」と称したとする。

ロ『常陸国風土記』行方郡堤賀里（図3）

此（堤賀里）より北に、曽尼《そね》の村あり。古、佐伯《さへき》ありき、名を疏禰毗古《そねびこ》といふ。名を取りて村に着く。今、駅家《うまや》を置く。此を曽尼の駅と謂ふ。

「佐伯」は土着先住民のこと、その「疏禰毗古《そねびこ》」の名を取り、「曽尼《そね》村」とした。「曽尼村」はのちに「曽祢郷」「曽尼駅」と引き継がれる。

ハ『出雲国風土記』出雲郡条（図4）

出雲の大川　源は伯耆と出雲と二つの国の堺なる鳥上山より出で、流れて仁多の郡横田の村に出で、即ち横田・三処・三澤・布勢等の四つの郷を経て、大原の郡の堺なる引沼の村に出で、即ち来次・斐伊・屋代・神原等の四つの郷を経て、出雲の郡の堺なる多義の村に出で、河内・出雲の二つの郷を経て、北に流れ、更に折れて西に流れて、即ち伊努《いの》・杵築の二つ郷を経て、神門の水海に入《い》る。此は則ち、謂はゆる斐伊《ひ》の川の下なり。河の両辺は、或は土地豊沃《こ》えて、五穀、桑・麻稔りて枝を頽《かたむ》け、百姓の膏腴《ゆたか》なる薗《その》なり。或は土体《つち》豊沃えて、草木叢《む》れ生ひたり。則ち、年魚《あゆ》・鮭《さけ》・麻須《ます》・伊具比《いぐひ》・魴《なよし》・鱧《はむ》等の類ありて、潭湍《ふちせ》に双《なら》び泳げり。河の口より河上の横田の村に至る間の五つの郡の百姓は、河に便《よ》りて居《す》めり。出雲・神門・飯石・仁多・大原の郡なり。孟春より起めて季春に至るまで、材木を校《あざな》へる船、河中を沿泝《のぼりくだ》れり。

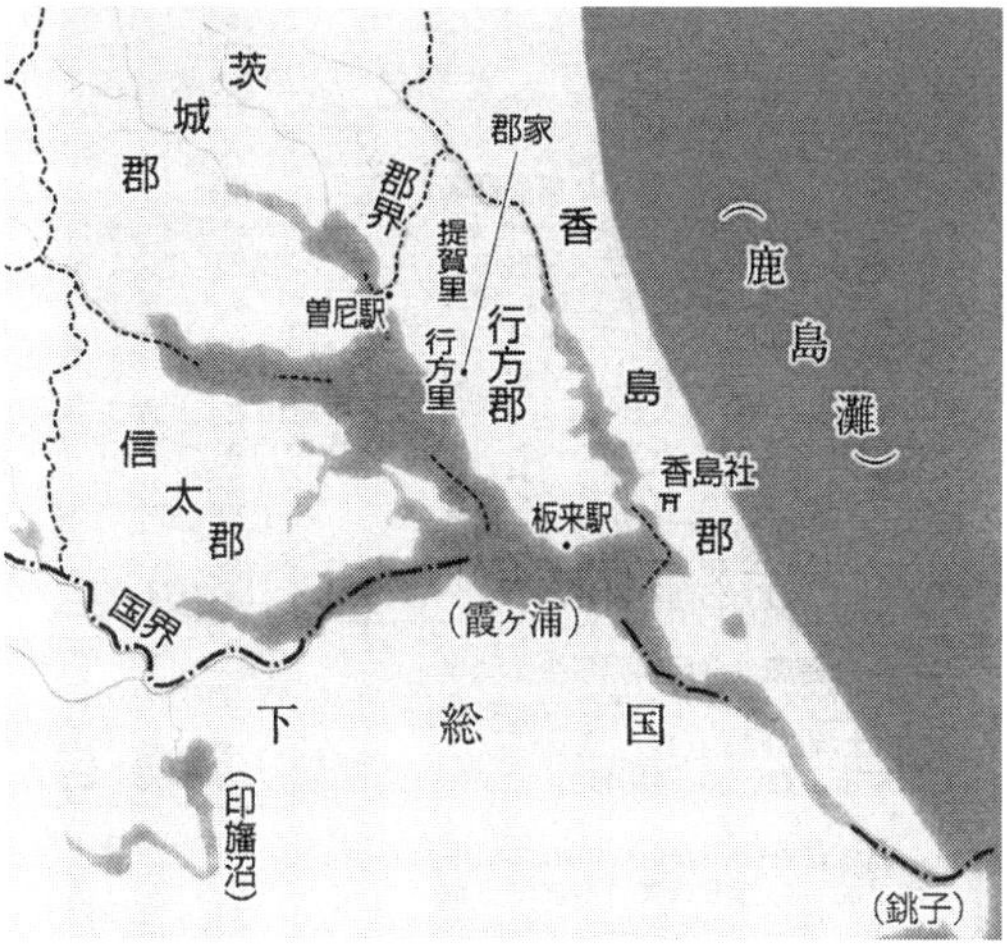

図3　『常陸国風土記』行方郡とその周辺（カッコ内は現在の地名）

出雲の大川は水源の伯耆と出雲二国の国境にある鳥上山から国境近くの仁多郡の「横田村」を出て郡内の横田・三処・三沢・布勢の四郷を経て、次の大

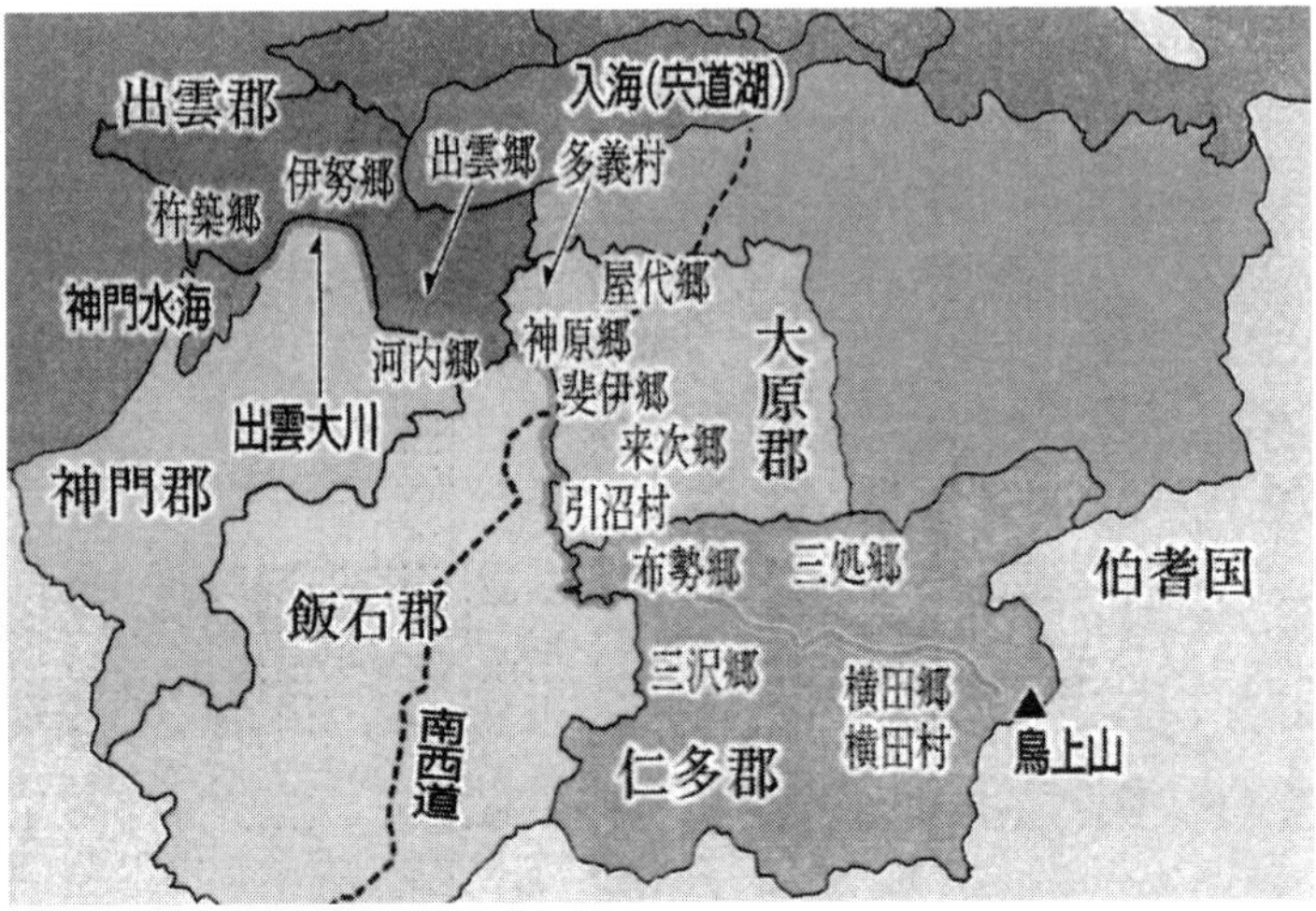

図４　『出雲国風土記』出雲大川　郡堺と「村」表記

原郡との堺に位置する「引沼村」に至ると明示されている。

二　「村」表記
――土地表示・到来地点・国郡境界――

土地表示、到来地点、国郡の境界など、明確に位置を表示する際には一定の領域をもたない「里」ではなく、集落を示す「村」と明記している。

(1) 土地表示

『日本三代実録』仁和三年（八八七）五月十六日（己丑）条

是日。勅以二山城国愛宕《おたぎ》郡鳥部郷椋原村地五町一賜二施薬院一。其四至。東限二徳仙寺一。西限二谷幷公田一。南限二内蔵寮支子《くちなし》園幷谷一。北限二山陵幷公田一。

施薬院《せやくいん》は貧しい病人に施薬・施療した施設で、七三〇年に光明皇后が創設した。その施薬院に朝廷から与えられた土地五町の所在地を「山城国愛宕郡鳥部郷椋原村」と記し、「鳥部郷」に加えて「椋原村」まで記している。さらにその四至《しいし》（境界）、東は徳仙寺、西は谷・公田、南は内蔵寮支子園・谷、北は山陵・公田と明確にその地点と範囲を記している。

（2）到来地点

『日本三代実録』貞観十四年（八七二）五月十五日条に「勅遣下従五位上守右近衛少将藤原朝臣山陰一。到二山城国宇治郡山科村一。（下略）」とあり、渤海客を迎えるための遣使が到着した地点を「山城国宇治郡山科村」と表記した。なお、『和名類聚抄』には、宇治郡に「山科郷」が存在する。

○新潟県柏崎市箕輪遺跡出土木簡（図5）
・「牒　三宅史御所　応□□〔出事カ〕　□拜□〔米カ〕
・「□〔時カ〕不過可到来於駅家村勿□□〔怠遅カ〕

長さ二五九×幅三五×厚さ五（ミリ）

この木簡は「三宅史御所」を宛先とする牒という書式の公文書である。内容は「三宅史御所」に対して物品（米など）請求を行っている。裏には、「駅家村に到来すべし」とあることから、その物品を「駅家村」に運ぶよう命令している。

駅家のさまざまな労働に従事させるために、周辺の住民を駅戸に指定し「駅家郷」が置かれた。この「駅家村」は、文献・出土文字資料を通じて初見である。木簡の出土地は越後国三嶋郡三嶋郷に置かれた「三嶋駅」に該当するとされている。物品の運搬先（到来地点）として明示するために、「三嶋郷」「駅家

図5　木簡「駅家村」の文字（新潟県柏崎市箕輪遺跡出土）

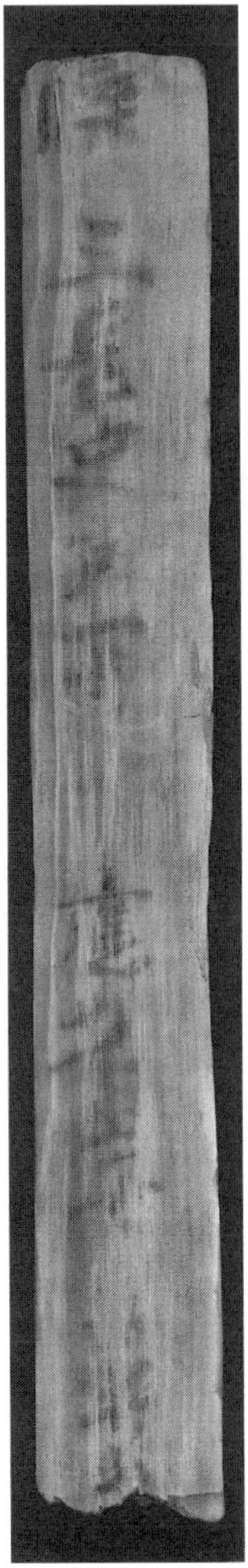

牒　三宅史御所　應〔応〕□□□〔出 事カ〕　□丼□〔米カ〕

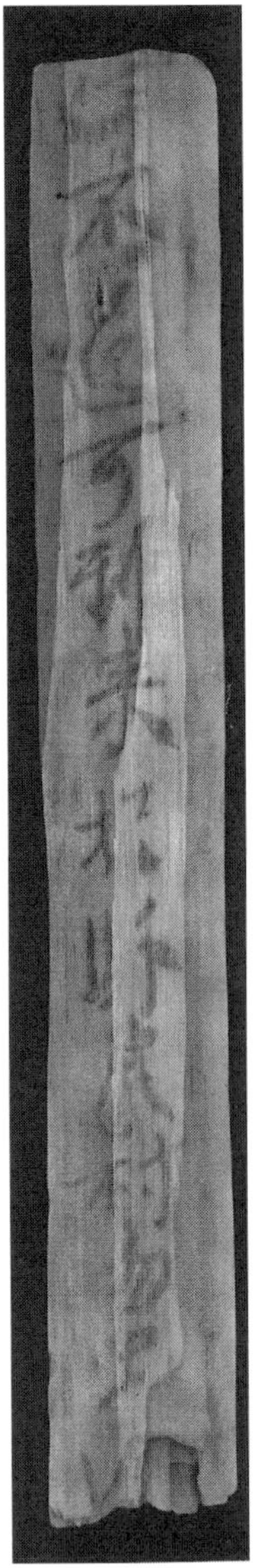

□〔時カ〕不過可到来於驛〔駅〕家村勿□□〔怠 遅カ〕

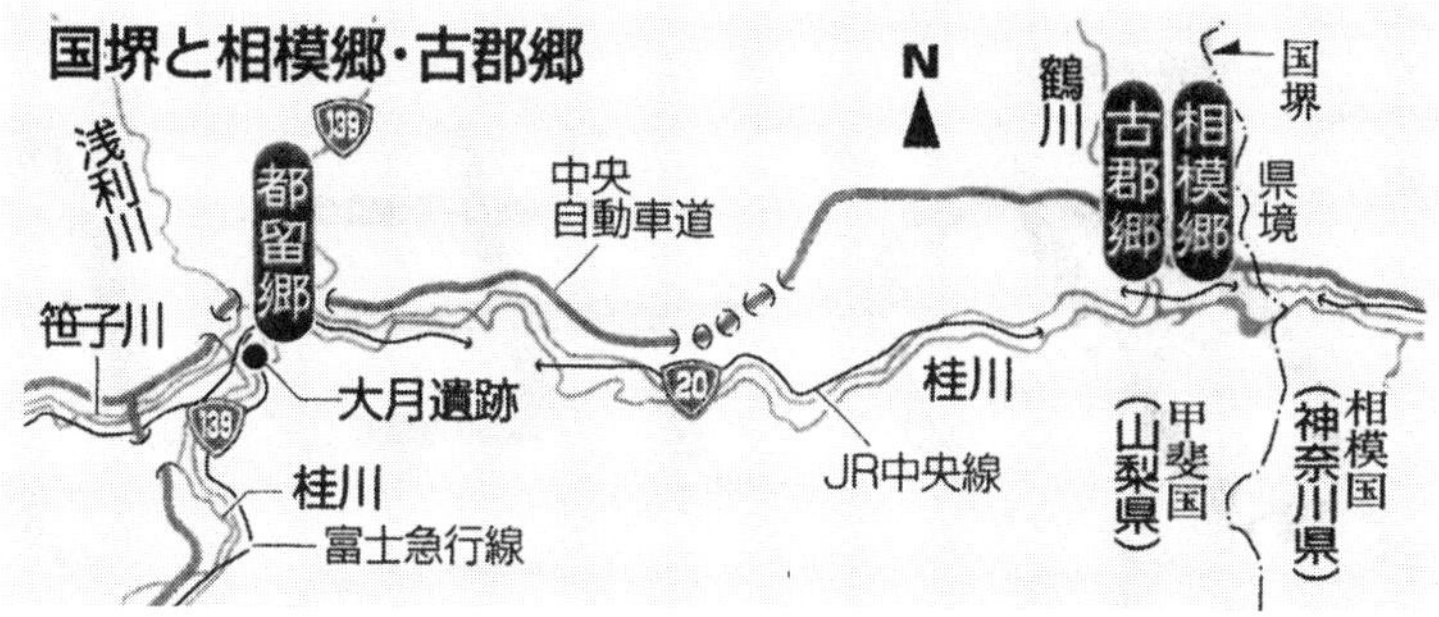

図６　甲斐国・相模国の国堺と相模郷・古郡郷・都留郷

郷」ではなく「駅家村」と表記したのであろう。

（３）国郡境界表示

甲斐国と相模国の国境問題は、『日本後紀』延暦十六年（七九七）三月戊子条に記されている。

是より先、甲斐・相模二国国堺を相争う。使を遣して甲斐国都留郡□留村の東辺の砥沢を定めて両国の堺と為す。以西を甲斐国の地と為し、以東を相模国の地と為さしむ。

甲斐と相模両国の国堺が「都留郡□留村の東辺の砥沢」であると明示されている。『日本後紀』は肝心な村名の一部分が欠損している。

『和名類聚抄』によると甲斐国都留郡の郷名の記載順は次のとおりである（図６）。

相模　古郡　福地　多良　賀美　征茂　都留

近年では大月市大月遺跡が都留郡家跡とみられている。

大月遺跡は、富士北麓から北流する桂川と笹子峠から東流する笹子川の合流点南側に発達した大月市の市街地南西端、菊花山の山裾に近い桂川に面した河岸段丘にあり、遺跡の主要部分は都留高校の敷地となっている。

大月遺跡の特色は、次のとおりである。

① 広い範囲を区画する施設を有する。北辺東西幅四五メートル、南北一一五メートル以上の区画溝で区画された官衙施設が想定される。

② その区画施設内の六間×三間の大型掘立柱建物は現段階では山梨県内で最大規模である。

③ 遺物年代の主体は八世紀後半である。

郡の中心施設である郡家の置かれる郷としては、「大家（大宅）郷」・〝郡名〟郷・「郡家郷」の三郷がある。このうち「大家（大宅）郷」は郡制以前の在地有力者層の拠点に由来すると想定される。〝郡名〟郷は郡制施行時に、郡領氏族の拠点が中核となり、郡名を冠した郷に郡家が設置されたものである。さらに大家郷・〝郡名〟郷を割いて新たに郡家所在郷として「郡家郷」が設置されたのであろう。

都留郡の場合、「古郡郷」は初期の都留郡家のあった郷であり、「都留郷」は、郡家の設置される〝郡名〟郷であり、甲斐国府（山梨郡）により近い大月遺跡の地に郡家を移したのであろう。「相模郷」「古郡郷」という並びからも明らかなように、相模との国堺近くの甲斐国側に相模国から分割されたのが「相模郷」である。したがって相模・甲斐両国の国堺の位置を示す七九七年段階の「都留郡□留村」は「相模郷」内に想定すべきであろう。

三　加賀郡牓示札と「深見村」

本木簡は牓示札であるが、文書形式は郡符である（図7）。

郡符の宛所は、「深見村諸郷駅長并諸刀弥（禰）等」である。現段階における列島各地における郡符木簡一覧表と宛所の記載様式は次のとおりである（表1）。

宛所のうち、郡―郷―里制（七一七～七四〇年）下の屋代《やしろ》遺跡群木簡は「屋代郷長里正等」、伊場遺跡は「竹田郷長里正等」とあり、屋代郷長と○○里正・○○里正等、竹田郷長と○○里正・○○里正等という表記である。冒頭に屋代および竹田郷名を記し、二～三里名を省略している（図8・9）。

牓示札は、

「郡符す。深見村諸郷駅長并《なら》びに諸刀弥《とね》（祢）等《ら》、応《まさ》に奉行すべき壱拾条の事」（図10）

と記されており、宛所は深見村内の諸郷（長）・駅長ならびに諸刀禰等である。

加茂遺跡からは、墨書土器「英太」（『和名類聚抄』英多郷のことか）が最も多量（一三点）に出土している。

『和名類聚抄』加賀国加賀郡の郷名は次のとおりである。

大桑・大野・芹田・井家・英多・玉戈・駅家・田上

英多郷は、その地名を継承する中世の荘名のなかに南県（みなみあがた）荘があり、中世の英田保の気

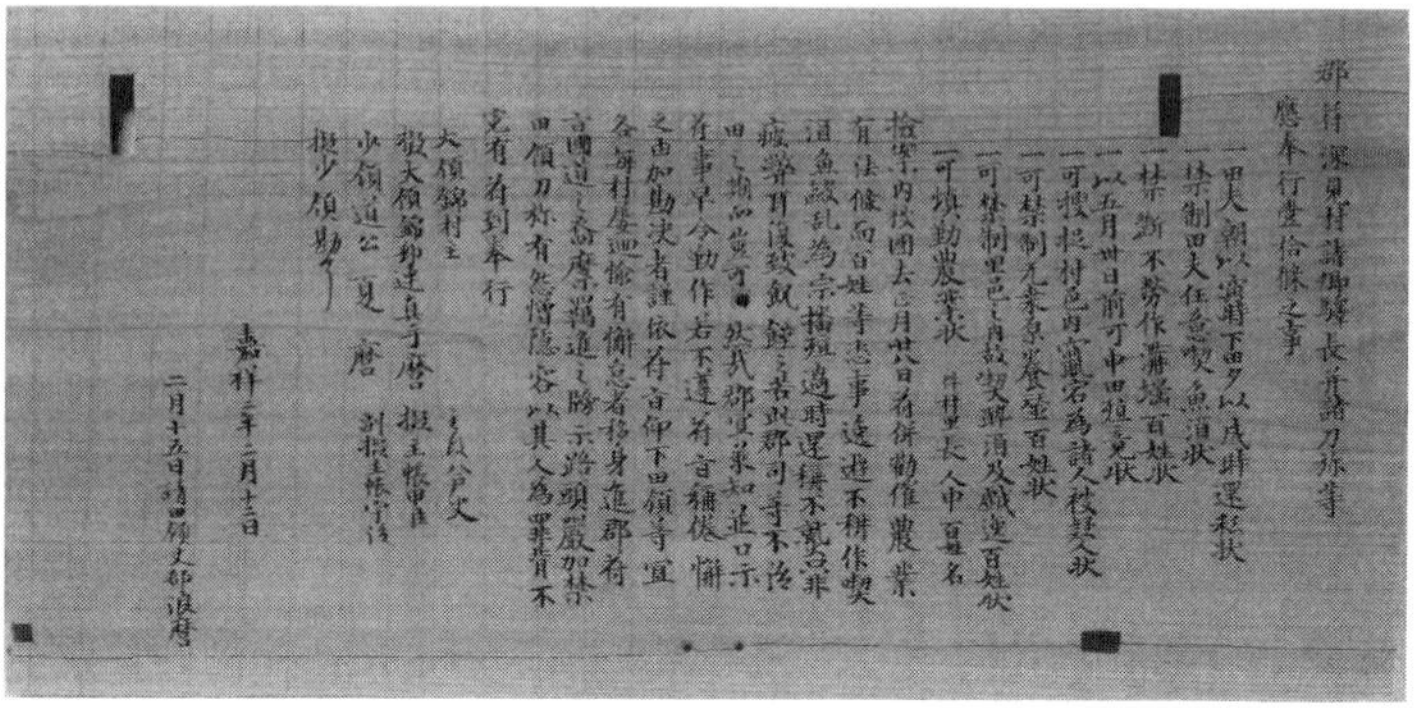

郡符す。深見村諸郷　駅長幷びに諸刀弥《とね》（禰）等、応《まさ》に奉行すべき壱拾條の事。

一、田夫《でんぷ》、朝は寅《とら》の時を以《もっ》て田に下り、夕は戌《いぬ》の時を以て私に還《かえ》るの状。

一、田夫、意に任せて魚酒を喫《くら》ふを禁制するの状。

一、溝堰《みぞせき》を労作せざる百姓《ひゃくせい》を禁断するの状。

一、五月卅日前を以て、田殖えの竟《おわ》るを申すべきの状。

一、村邑《そんゆう》の内に竄《かく》れ宕《ひそ》みて諸人と為ると、疑わる人を捜し捉ふべきの状。

一、桑原无《な》くして、蚕を養ふ百姓を禁制すべきの状。

一、里邑《りゆう》の内にて故《ことさら》に酒を喫ひ酔ひ、戯逸《ぎいつ》に及ぶ百姓を禁制すべきの状。

一、農業を塡（慎《しん》）勤《きん》すべきの状。件《くだん》の村里の長《おさ》たる人は百姓の名を申せ。

案内《あない》を検ずるに、国の去る正月廿八日の符を被《こうむ》るに倂（偁《いわ》）く、「農業を勧催すること法條有り。而《しか》るに百姓等、恣《ほしいまま》に逸遊するを事とし、耕作せず酒魚を喫ひ、殴乱するを宗《むね》と為す。播殖の時を過ぎ、還《かえ》りて不熟と称す。只《ただ》疲弊するのみにあらず。復《ま》た飢饉の苦を致さん。此れ、郡司等田を治めざるの期《ご》にして、豈然《あにしか》るべけんや。郡宜《よろ》しく承知し、並びに符の事を口示《くじ》し、早く勧め作《な》さしむべし。もし符の旨に遵《したが》わず、倦懈《けんけ》の由を称さば、勘決《かんけつ》を加へよ」てへれば、謹しんで符の旨に依り、田領等に仰せ下し、宜しく各村ごとに屢《しばしば》廻《めぐ》らし愉（諭《さと》）すべし。懈怠《けたい》有らば、身を移し郡に進めん。符の旨を国の道の裔《そば》に糜羈《びき》し之を進め、路頭に牓示し、厳しく禁を加えん。田領、刀弥（禰）、怨憎隠容《おんぞういんよう》有らば其人を以て罪と為《せ》よ。背《そ》むくこと寛《かん》有（宥《ゆう》）せず。符到らば奉行せよ。

図7　加賀郡牓示札（上：復元複製　下：牓示札本文の読み下し）

表1　郡符木簡一覧表

遺跡名	所在地	数	法量（mm）	差出	宛所	召喚人・物	召喚先	年代	遺跡の性格
八幡林遺跡	新潟県長岡市	2	585×34×5	郡司符	青海郷（長）	少丁高志君大虫	朔告司	8世紀前半	古志郡家関連遺跡
			(92)×(19)×3	郡符	□□	—	—	9世紀前半	
山垣遺跡	兵庫県丹波市	1	619×49×6	符	春部里長等	春部君廣橋他三人	—	8世紀前半	氷上郡家別院
西河原遺跡	滋賀県野洲市	1	(145)×34×5	郡司符	馬道里長	女丁久米□他	—	8世紀前半	野洲郡家関連遺跡
長岡京跡	京都府向日市	1	(99)×30×5	郡符	采女郷丈部家	（習書木簡）	—	8世紀後半	
杉崎廃寺	岐阜県飛騨市	1	(80)×29×7	符	飽海×	—	—	9世紀初頭	寺院跡
屋代遺跡群	長野県千曲市	2	(392)×55×3.5	符	屋代郷長里正等	敷席鱒匠丁粮代布造営人夫十人他	—	8世紀前半	埴科郡家関連遺跡
			(99)×35×3	符	余部里長	—	—	8世紀前半	
伊場遺跡	静岡県浜松市	1	(282)×49×10	符	竹田郷長里正等	—	—	8世紀前半	敷智郡家関連遺跡
荒田目条里遺跡	福島県いわき市	2	(230)×42×3	郡符	立屋津長伴マ福麿	（挟杪・水手ヵ）	為客料充遣召	9世紀半ば	磐城郡家関連遺跡
			594×45×6	郡符	里刀自	里刀自以下卅四人	郡司職田	9世紀半ば	
畝田・寺中遺跡	石川県金沢市	2	(301)×35×4	郡(符)	大野郷長	—	—	8世紀半ば	加賀郡家関連遺跡
			(278)×42×3	符	田行笠□等	横江臣床嶋 西岡（部）物□	口相宮	8世紀半ば	

図8　郡符木簡　長野県千曲市屋代遺跡群

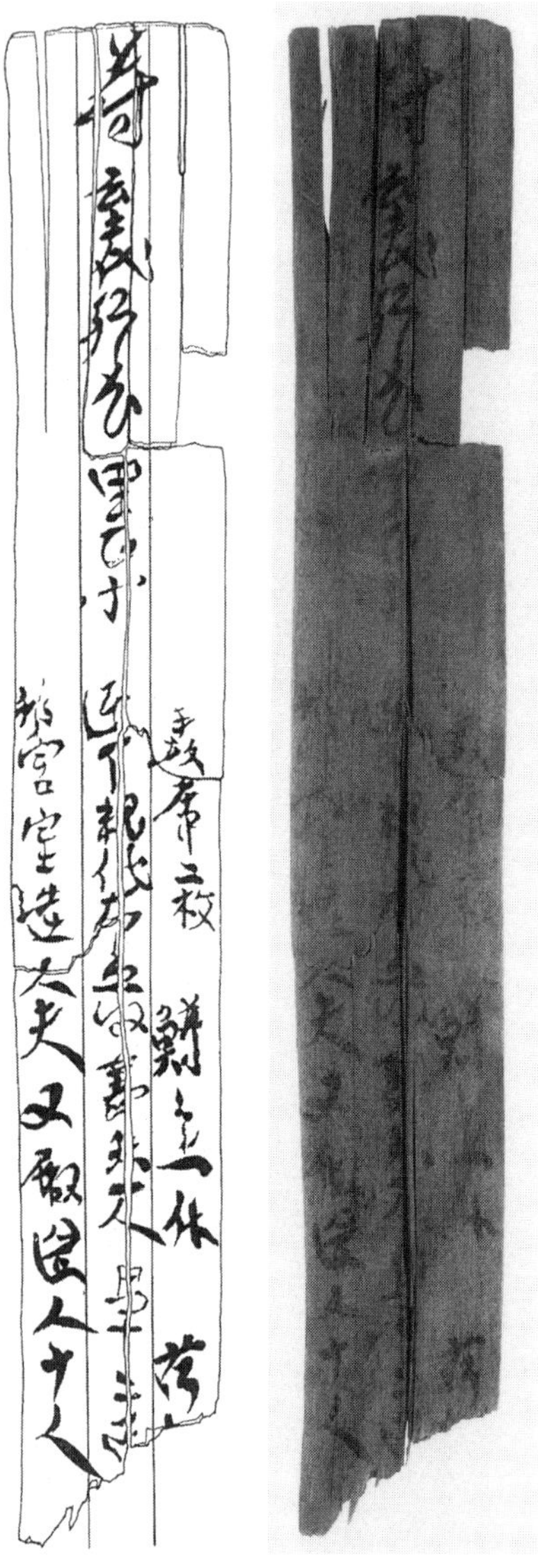

「　　　　　　　　敷席二枚　鱒□升　芹□　　　(392)×55×4
・符　屋代郷長里正等　匠丁粮代布五段勘《ママ》夫一人馬十二疋
　　　　　　　　　□〔神〕宮室造人夫又殿造人十人

「　　　　　　　　　　　　少領
・□物令火急召□〔出〕□者宜行

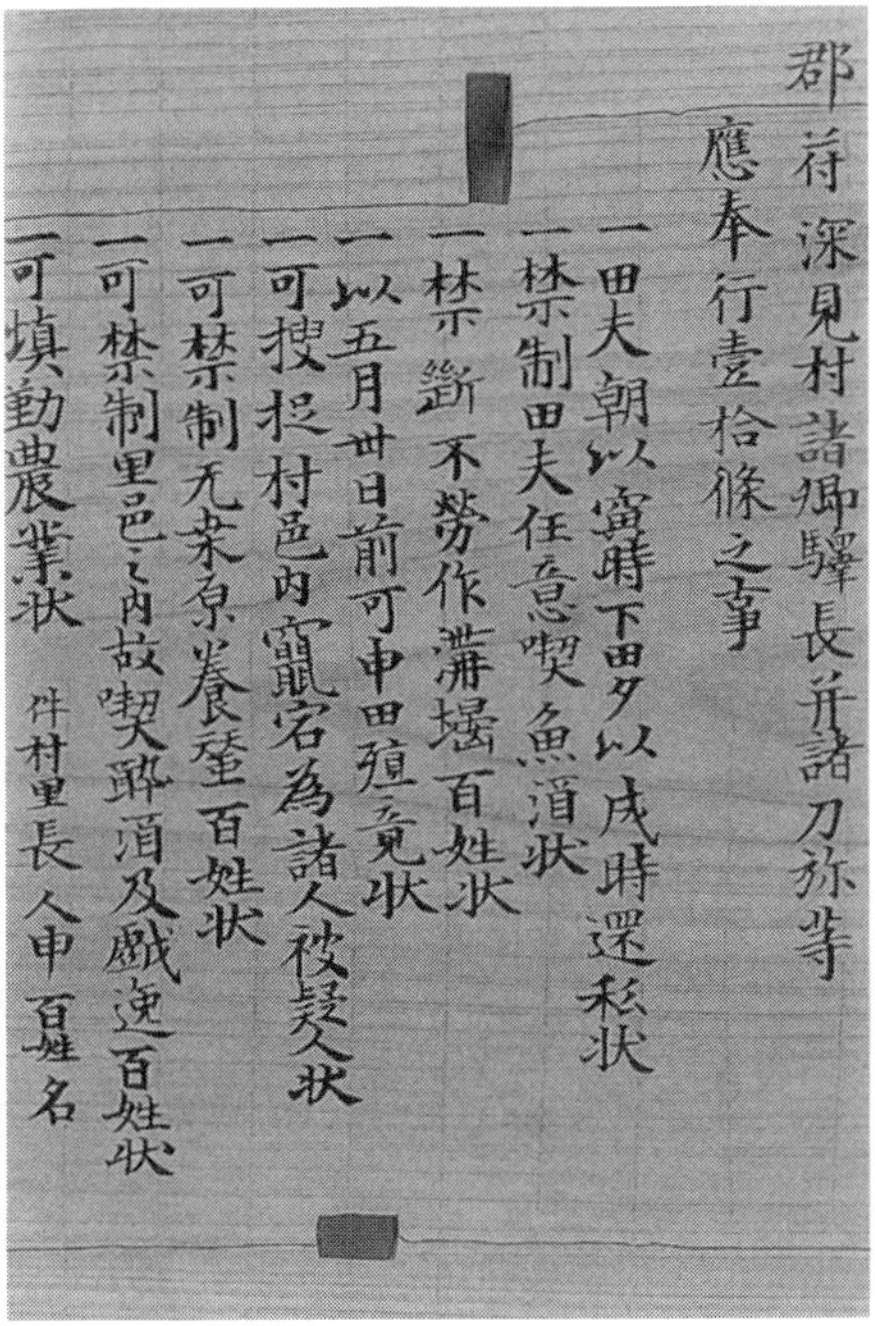

郡符　深見村諸郷驛長并諸刀祢等
應奉行壹拾條之事
一田夫朝以寅時下田夕以戌時還私状
一禁制田夫任意喫魚酒状
一禁断不労作溝堰百姓状
一以五月卅日前可申田殖竟状
一可捜捉村邑内竄宕為諸人被疑人状
一可禁制无桑原養蚕百姓状
一可禁制里邑之内故喫酔酒及戯逸百姓状
一可填勤農業状　件村里長人申百姓名

図10　加賀郡牓示札の冒頭部分

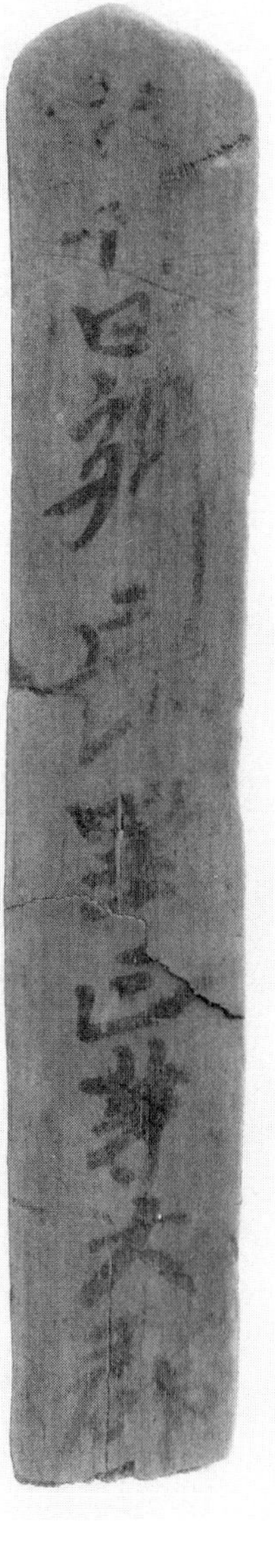

図9　伊場遺跡出土郡符木簡

屋村、英田南保に能勢三か村が含まれている。

井家郷は、訓は「為乃以倍（いのいへ）」とあり、郷域は今の金沢市域北部から河北郡津幡町の南部、礪波丘陵の西麓線と河北潟東岸にはさまれた細長い沖積平地を占めていたとされる。中世には「井家荘」として『吾妻鏡』建久元年（一一九〇）五月十二日の条に「加賀国井家庄地頭都幡小三郎隆家」と見えるのが初見史料である。

以上より、加茂遺跡のすぐ北に「英多郷」、南に「井家郷」が近接して比定できるのである。

そこで、牓示札に関する筆者の解釈は次のとおりである。

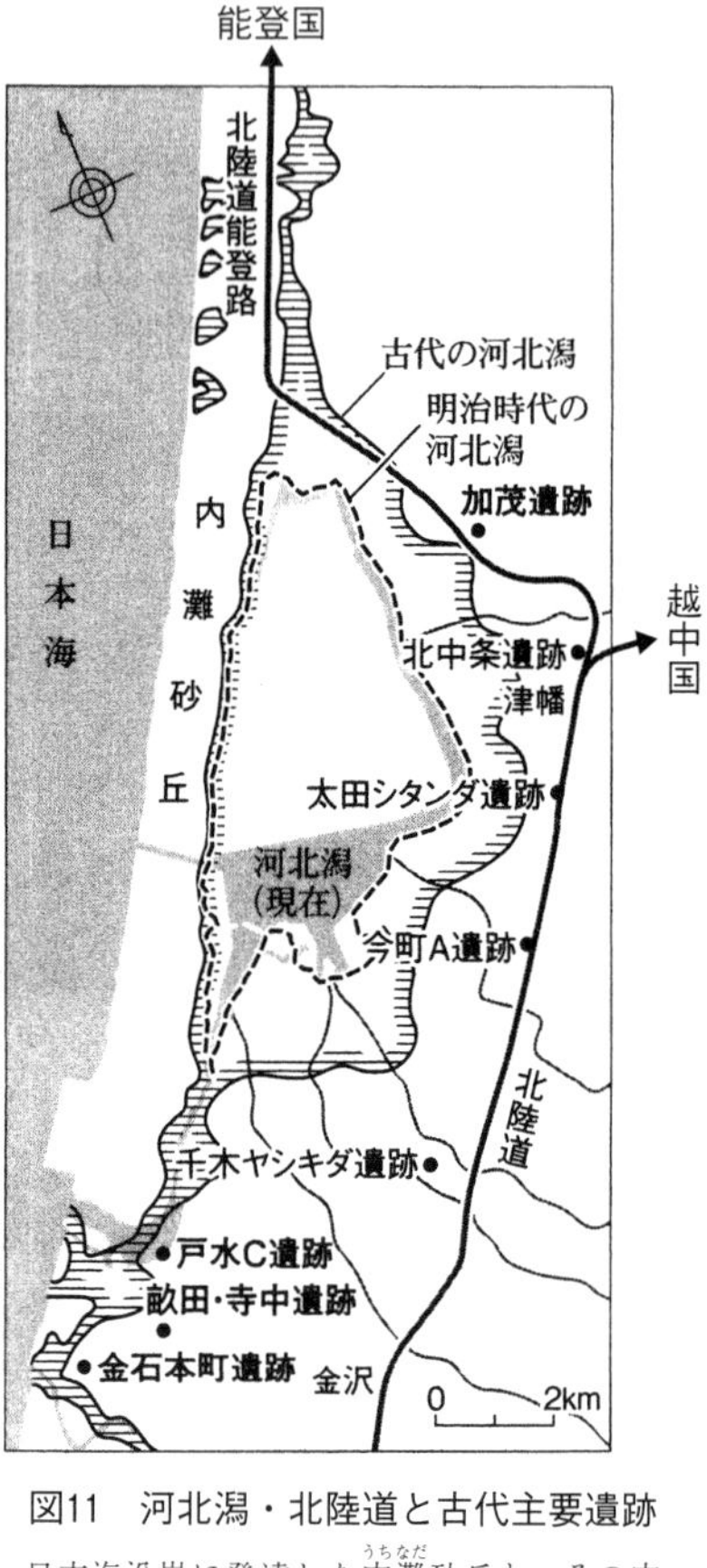

図11　河北潟・北陸道と古代主要遺跡

日本海沿岸に発達した内灘《うちなだ》砂丘と、その内側の潟湖《せきこ》である河北潟は、昭和38年（1963）以降、6割近くが埋め立てられた。

加茂遺跡の地を深見村の中心とみなし、郡符の宛所が屋代遺跡群・伊場遺跡の郡符木簡と同様に「深見村諸郷驛長幷諸刀弥（禰）等」とあり、諸郷（長）・駅長に固有名がないことから、「深見村」は英多郷および井家郷、さらに深見駅・村内の有力者たちを包括しているものと読みとれるのではないか。深見村の場合ももちろん、地域単位名称として「深見村」が存在し、その地域名称を広域行政区の総称としたと理解できるであろう。

図12　墨書土器「深見驛」（石川県津幡町北中条遺跡）

しかし、この加賀郡牓示札については、近年、諸氏の異なる見解が提示された。金田章裕の加賀郡牓示札の主な解釈は次のとおりである（「加茂遺跡（石川県津幡町）出土「加賀郡牓示札」―古代の郡・郷・村―」『古代・中世遺跡と歴史地理学』吉川弘文館、二〇一一年）。

この郡符の宛先は、深見村という深見駅を含む一帯の地域にかかわり、そこの戸ないし住民を管轄していた郷長および深見駅の駅長という役職者、ならびに刀禰という現地の有力者であった。深見村と諸郷の関係を示すものではない。

郷長が管理する戸は、有力者とでも言うべき刀禰の保証や観察の下にあった。駅長は駅戸を統括したが、駅戸は税の一部を免ぜられて駅子など駅の業務に就いた。村がこれらの行政的な組織とは別の、なんらかのまとまりの単位として認識されていた。

金田の解釈は深見村と諸郷の関係を示すものではなく、村は「なんらかのまとまりの単位」とするが、説明として不十分であろう。また、この金田の指摘を支持する浅野啓介の、牓示札の一行目を「深見村にいる郷長・駅長ならびに諸刀祢（禰）等」とする現代語訳（「日本古代における村の性格」『史学雑誌』一二三―六、二〇一四年）も、何故「深見村」が存在するかの説明にはならない。

さらに、吉原啓「加賀牓示札についての一研究」（『続日本紀研究』三八六、二〇一〇年）も、もとの紙の文書には「諸郷駅長幷諸刀弥等」と書かれており、これを木簡に書き写す際に便宜的な対象地域として「深見村」の語が追加されたとする。

これら「深見村」について、不明確な解釈が相つぐのは、通常の村の地点表示などと「深見村」の意味するものが異なることと、本牓示札が郡符であるにもかかわらず、各地で出土する郡符木簡の宛所表記例に留意していないことによるのであろう。

万葉集　四〇七三　天平勝宝元年（七四九）

越前国の掾大伴宿禰池主の来贈る歌三首
今月十四日を以ちて、深見村に到来し、彼の北方を望拝す。

宛所「深見村」と記す牓示札は、嘉祥二年（八四九）に掲示されている。「深見村」はちょうど一〇〇年間継続していることが判明した。

『万葉集』では、「深見村」の地は越前国（加賀郡）と越中国との国堺であった。

牓示札が出土した加茂遺跡の北陸道西側溝から、もう一点の短冊形の木簡が出土した。

・「謹啓　丈部置万呂　献上人給雑魚十五隻
□□　　　　　　　　无礼状具注以解」
□□〔伯姓カ〕消息後日参向而語奉

・「　　『勘了』
七月十日　潟嶋造□主」

長さ四八〇×幅三三×厚さ五（ミリ）　〇一一

この木簡は、溝の存続期間から九世紀半ば～九世紀末に廃棄されたと考えられる。

「謹啓」の書き出しで始まり、潟嶋造□主が丈部置万呂に宛てて出した上申文書であることがわかる。割り書きされた本文には、行事の時に参加者に配るのであろう雑魚十五隻の献上と、伯姓（百姓）消息を後日参向して口頭で報告する（「語奉」）ことが記されている。国司は年に一度、支配の実態と郡司の実情を検察するために国内を巡行したのであるが、そのなかに〝百姓の消息を問う〟任務があった。

「豊後国正税帳」中の国司巡行の一事項「問伯姓消息」をあげておきたい。

天平九年（七三七）豊後国正税帳

球珠郡

（中略）

国司巡行部内合壱拾肆度、惣単壱伯壱拾捌人、上参拾捌人、目以上廿五人 史生十三人
従捌拾人、食稲参拾玖束貳把、上人別四把 従人別三把 酒参斗伍升肆合、目以上人別一升 史生人別八合、
参度正税出挙幷収納、一度守一人、従三人、幷四人五日、 二度掾一人、従二人、幷三人六日、 単参拾捌人、上壱拾
壱人、掾以上、従貳拾柒人、
（中略）
壱度検田熟不、史生一人、従一人、 幷二人二日、 単肆人、上貳人、史生、従貳人、
壱度堀紫草根、守一人、従三人、 幷四人二日、 単捌人、上貳人、守、従陸人、
壱度問伯姓消息、守一人、従三人、 幷四人二日、 単捌人、上貳人、守、従陸人、

「潟嶋造□主」はウジ名「潟嶋造」から推して河北潟を拠点とする在地の有力者と考えられる。本木簡には、その「潟嶋造□主」が当地に所在した機関の丈部置万呂に「伯姓消息」について報告すると記されている。

加茂遺跡は加賀国から北陸道が越中国と能登国に分岐する三国の国堺近くに位置しており、「深見駅」さらに河北潟の「津」（「都幡津」）が集中する北陸道の重要地点である。おそらく、加茂遺跡は、国司が巡行し、百姓の消息を問う施設であったと推測される。

すなわち「潟嶋造」のような複数の在地有力者がそれぞれの地域の百姓動静を加茂遺跡の地にある深見村という広域行政にかかわる役所に申上し、国司が郡家と同様に百姓の消息を問う施設であろう。

このような一郷を越える行政区画設定には「村」が適切であったのであろう。

現段階でこうした広域行政区としての村に関する行政組織を示す資料は確認されていないが、「村」が

もつこの柔軟性こそが律令国郡里制補完の機能とみることができるのではないか。

四　辺境地域の「村」表示

東北地方の大規模な村の場合、城柵そして令制郡との関連が問題となる（図13）。

図13　東北の村の広域エリア図

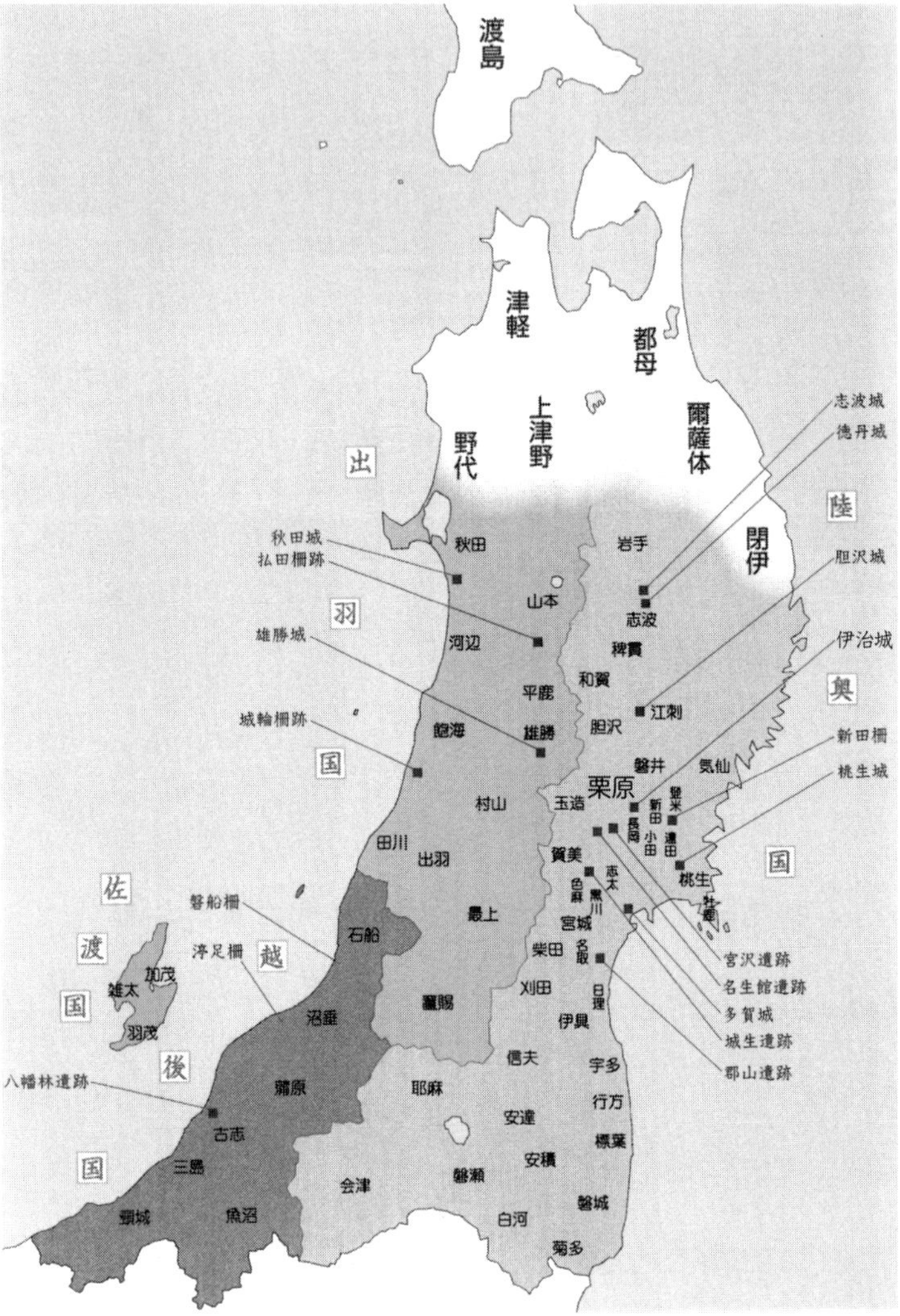

図14　栗原郡と伊治城（古代東北要図）

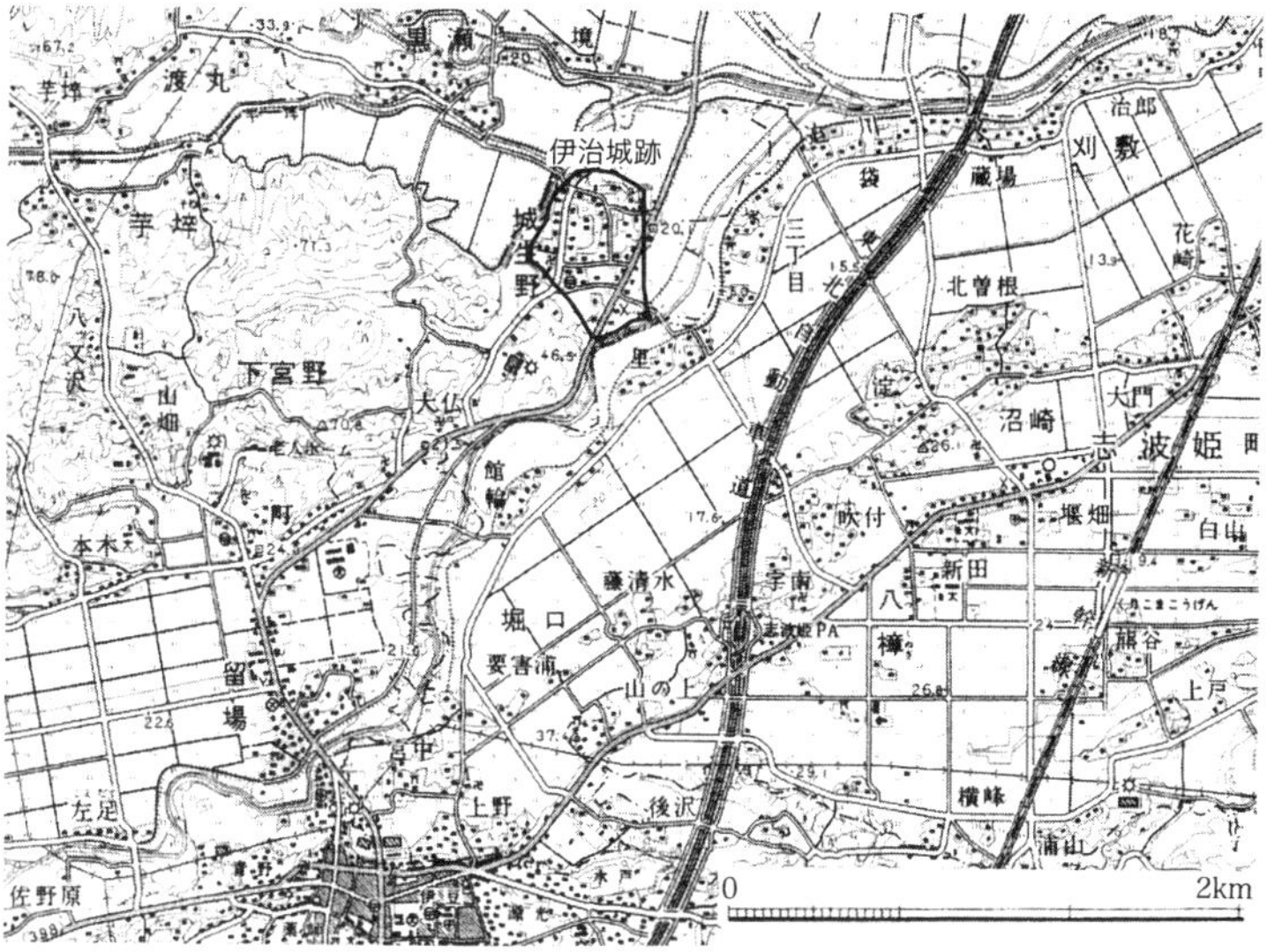

図15　伊治城跡の位置

まず、城柵と郡制との関連を最も端的に示しているのは、伊治城と栗原郡の例である（図14・15）。

『続日本紀』神護景雲元年（七六七）十月辛卯条

　勅、見ニ陸奥国所レ奏、即知ニ伊治城作了一。自レ始至レ畢、不レ満ニ三旬一。

『続日本紀』神護景雲元年十一月己巳条（錯簡、神護景雲三年六月九日乙巳におくべきとされている）

　置ニ陸奥国栗原郡一。本是伊治城也。

この記載によれば、神護景雲三年に建郡した栗原郡は、もと伊治城とされたものであるという。栗原郡の建郡記事直後の『続日本紀』神護景雲三年六月丁未条に、

　浮宕百姓二千五百余人置ニ陸奥国伊治村一。

と見える。百姓二千五百余人を遷置した伊治村は、明らかに一郷（通常一郷約一四〇〇人）を

越える規模である。この伊治村について、

『類聚国史』巻百九十　延暦十一年（七九二）正月丙寅条

　陸奥国言、斯波村夷胆沢公阿奴志己等、遣レ使請曰、己等思レ帰二王化一。何日忘之、而為二伊治村俘等所レ遮、無レ由二自達一、願制二彼遮闘一、永開二降路一。（下略）

とあり、栗原郡建郡後においても、「伊治村」と表記されている事実に留意したい。

『日本後紀』延暦十五年（七九六）十一月戊申条では、

　発二相模・武蔵・上総・常陸・上野・下野・出羽・越後等国民九千人一、遷二置陸奥国伊治城一。

とあり、伊治城をもとにして、栗原郡を設置したが、その約三〇年後に大規模な移住策が実施されているのである。

伊治城の場合、神護景雲元年の造営記事は伊治城の施設を示すが、栗原郡という郡制に直結する伊治城の実態は一定の拡がりをもつ行政区画を意味しているのであろう。

一方、伊治村については、一応二通りの可能性が考えられる。一つは栗原郡がいまだ確立せず混迷状態で、伊治村と称したと解する。もう一つは伊治村から栗原郡が成立した過程で、令制の郷などに編成されなかった従来どおりの未編戸集落と理解する見方である。この点はいずれとも決めがたいが、少なくとも伊治村の意味は「伊治の地」が伊治城造営、そして栗原郡成立後の令制郡確立過程で、不調な状況下に置かれた地域であったことを示すのであろう。

以上のように、「村」表記の場合、土地表示・到来地点・国郡境界など、明確に地点を表示するにあたっては、一定の領域をもたない「里」ではなく、集落領域を示す「村」と明示する。一方、村は柔軟性のある領域表示として、里（郷）を超えるより広い領域に村の表示を用いている。

加賀・越中・能登三国の国堺近くに位置し、英多郷・井家郷および「深見駅」さらに河北潟の津が集中する北陸道の重点地点には、それらの諸施設を包括する「深見村」を設定している。また、中央政府から辺境とされた東北地方においても「伊治村」に中央政府主導で〝伊治城〟が設置され、東北経営の拠点となっていくが、その伊治城周辺地域は八～九世紀には、以前どおり「伊治村」と把握された。

「深見村」「伊治村」など、「村」の柔軟性のある機能を律令国郡里制の補完として適用させたと考えられる。本来の集落としての「村」は、中世社会に引き継がれ、むしろ存在意義を明確にしていくが、「深見村」「伊治村」などの律令国郡里制の補完としての広域「村」はこの時代のみに機能し、中世社会には引き継がれなかったといえる。

五　出土文字から「村」の新たな展開を探る

（1）儀式と村

一九八七年、神奈川県茅ヶ崎市居村《いむら》遺跡で、次のような木簡が発見された（図16・17）。

○居村遺跡出土2号木簡（上部欠損）

・×□□郡十年料□　放生布施□　□（事カ）

長さ二九〇×幅四六×厚さ七（ミリ）

上部欠損し、墨痕が薄く内容を明確に知りえないが、おそらくは、郡の十年料を放生会の布施に充てる

西側上空からみた遺跡の全景

図16　神奈川県茅ヶ崎市居村Ｂ遺跡とその周辺

ことを示した文書木簡であろう。

「放生」とは、捕らえた生き物を山野や池沼に放ち、逃すことで、仏教の〝殺生をしない〟という思想にもとづく〝慈悲の行い〟とされている。神社や寺院で八月十五日に行われるのが「放生会《ほうじょうえ》」という儀式である。

一九八七年の調査からちょうど二五年後の二〇一二年、ほぼ同一地点の発掘調査で、また木簡が発見された。
　この木簡は、大型で情報量も豊かである。

〔表〕
貞観□年八月十□〔二カ五〕日勾村□殿秋村□□給
合　市田殿酒一斗　□□殿酒一斗
吉成殿酒一斗　新勾殿酒一斗一　田□殿酒一
□□上□給酒一斗□殿酒一斗　□□

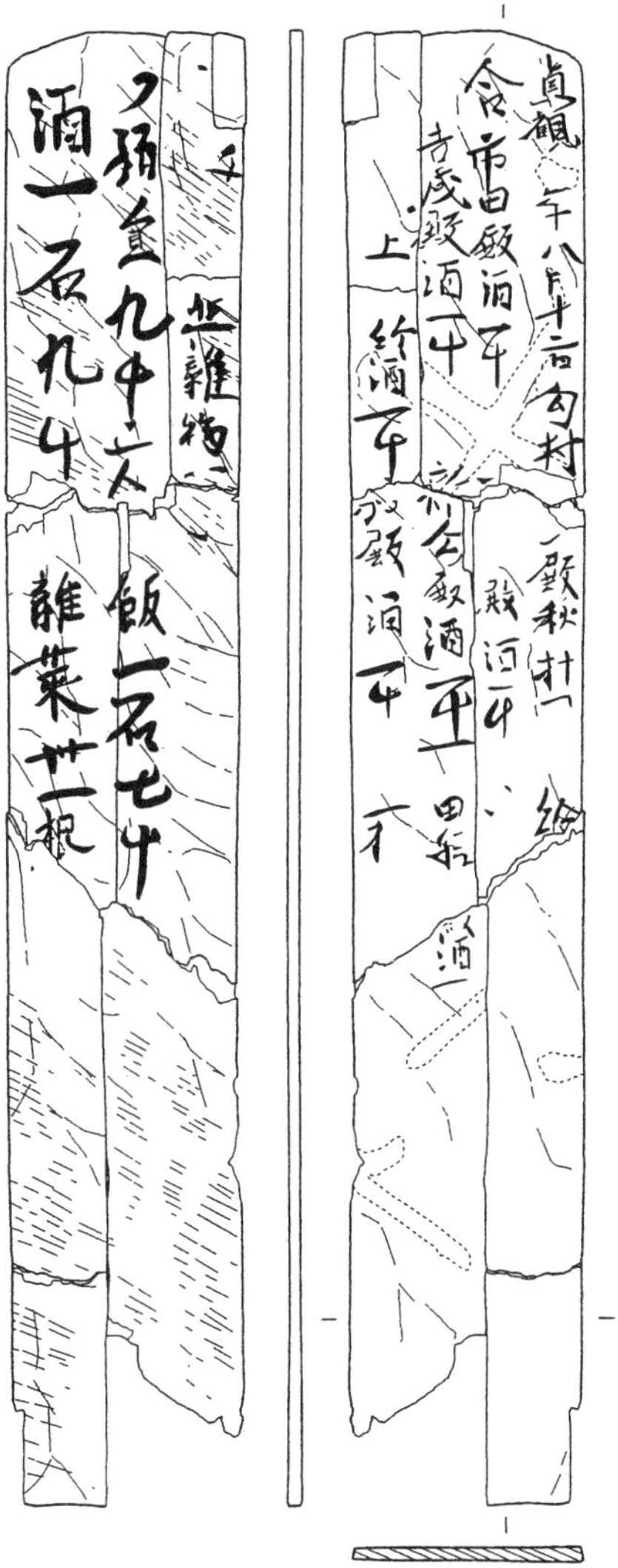

図17　神奈川県茅ヶ崎市居村Ｂ遺跡出土木簡　儀礼に「勾村」「秋村」の人々が参加したことがわかる。

〔裏〕
□□□□雑物□
□□員九□〔十カ〕□人　飯一石七斗
酒一石九斗　　雑菜卅一根

長さ四五八×幅七八×厚さ五（ミリ）

冒頭の「貞観」という年号は、八五九〜八七七年にあたる。「勾村《まがりむら》」「秋村」の「□殿」などに酒・飯・雑菜を支給した帳簿である。折敷《おしき》とよばれる曲物の器の底板を再利用してメモ書きしたものである。そのことから、木簡は外から持たらされたものではなく、この居村の地で記されたことがわかる。八月十五日とすれば、まさに放生会の儀式の後に、大がかりな宴会が行われた際の酒などの支給帳簿である可能性が高い。

「勾村□殿」「秋村□□」に酒一斗をはじめ、ほぼ各人に酒が一斗単位で支給されている。ただ、古代の一斗は今の約四升、七・二リットルに相当する。裏面の「酒一石九斗」を支給総量とすれば、おおよそ一九人分となろう。支給された人物は「□□殿」と敬称が付けられていることから、各村の有力者ではないか。裏面の総人数「九十□人」から推測すると、有力者が各自五人単位で動員したことになろう。

放生会のような儀式は、地域社会の人々の強いつながりがなければ実施できない。現代においても、さまざまな祭りなどの民俗芸能や儀礼は集落をあげて挙行される。その地域のつながりは、徴税単位としての「里」ではなく「勾村」「秋村」のような村である。

（2）生産と村

千葉県印旛沼《いんばぬま》の北東部に、一三五〇年ほど前、七世紀半ばすぎに建立された龍角寺《りゅうかくじ》という寺院が現存する。そのすぐ南には、一辺八〇メートルで王陵をもしのぐ全国屈指の方墳（七世紀前半）の岩屋《いわや》古墳が造られている（図18）。

この龍角寺の屋根瓦を制作した「五斗蒔《ごとまき》瓦窯《かわらがま》跡」が寺の北にあり、その窯から数多くの瓦が出土している。

特に四〇〇点を超える七世紀後半の文字の記された瓦は、古代東国の最古の出土文字資料群である。文字は、生乾き状態の瓦に竹べらで刻み、焼いたものである。七世紀後半の東国地方の文字文化を知ることのできる貴重な資料として、古代史だけでなく、国文学・国語学の研究者に画期的な文字情報を提供したことでも知られている。

奈良時代に編さんされた『万葉集』では、「ア」という音は、「阿」または「安」という漢字で表記を統一している。しかし、五斗蒔瓦窯の文字瓦には、「赤浜」という地名を「赤加皮真《あかはま》」と表記している。千葉県山武《さんむ》郡横芝光町城山遺跡から出土した九世紀の墨書土器にも「赤弥田寺」と記され、〝阿弥陀《あみだ》寺〟の別表記である。二例とも「ア」音が「赤」という漢字で表されている。（図19・20）

この四〇〇点余りの文字瓦に記された「朝布」「赤加皮真」「玉作」「服止×」「皮止阝（部）」などは、この地域の地名と考えられる。

「玉作《たまつくり》」は下総国埴生《はにふ》郡玉作《たまつくり》里（郷）に相当する。「朝布」（アサフ）は龍角寺の北に「麻生《あそう》」という集落があり、埴生郡麻生里（郷）に比定される。「服止×」「皮止阝（部）」は「ハトリ」と読み、五斗蒔

図18　房総最古の瓦葺の寺（龍角寺）・瓦窯跡と周辺集落群

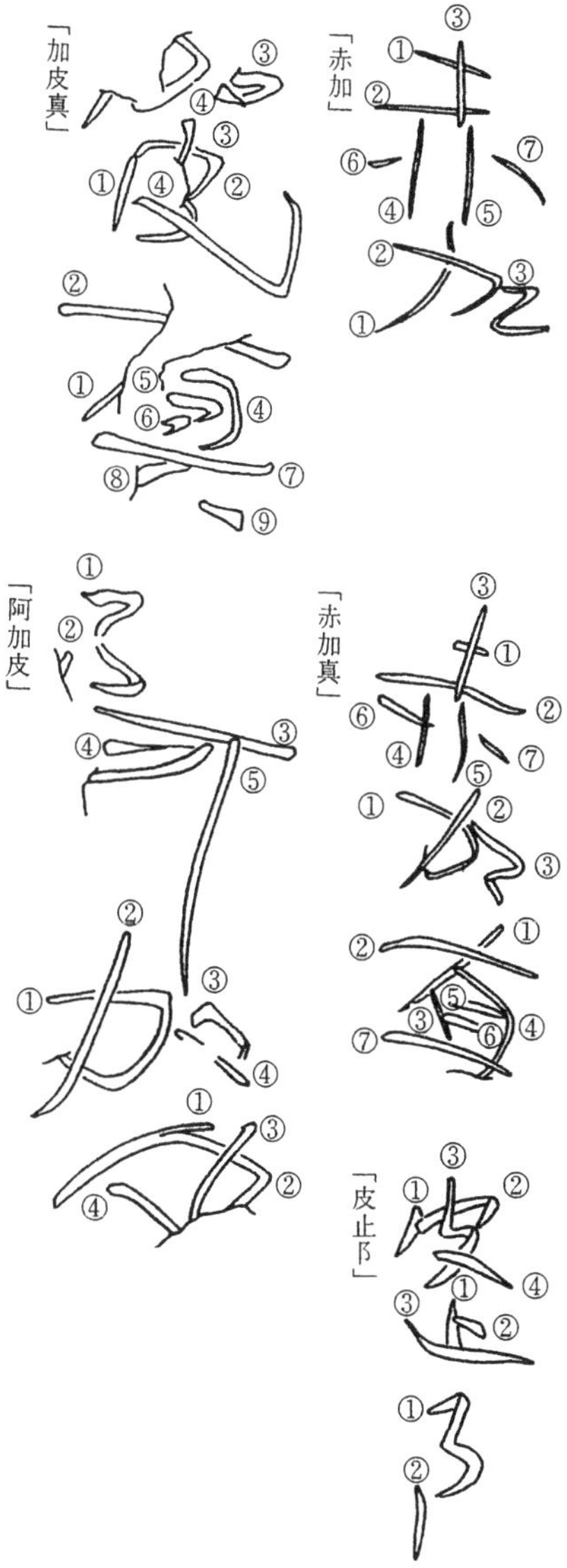

図19　文字瓦「朝布」(麻生)(千葉県印旛郡栄町五斗蒔瓦窯跡)

図20　千葉県印旛郡栄町龍角寺五斗蒔瓦窯跡文字瓦　文字の模式図(筆順含む)

瓦窯跡の東部に「羽鳥」という地名が現存する。

「服部」という苗字は、今はハットリと発音しているが、古代には、織物に従事する職業集団の氏《うじ》名であり、もとは「服（機）織部」（ハタオリベ）がハトリベ・ハトリと変化した。

古代の日本語は、母音（a・i・u・e・o）の連続を回避し、二母音の片方を省くという傾向がある。

服織　　　　　　　　　錦織

hataori（ハタオリ）　　nishikiori（ニシキオリ）

↓　　　　　　　　　　↓

hatori（ハトリ）　　　nishikori（ニシコリ）

地方豪族が寺院を造営する時には、地域の有力者層を動員し、各集落単位で瓦生産に従事させたのであろう。

この龍角寺の周辺に、「朝布（麻生）」「赤加皮真（赤浜）」「玉作」「服止×」「皮止卩（羽鳥）」などの集落があり、そのうち「朝（麻）布」「玉作」が「麻生里（郷）」、「玉作里（郷）」という行政区画として登録されたが、「赤加皮真」も「皮止卩」もそれぞれ「村」単位として瓦作りに従事したのであろう。これらのことから、「村」が通常の徴税ではなく、信仰・儀礼や生産などの地域社会の強いつながりにもとづく動員の際に、十分に機能していたことが明らかになった。

加賀郡牓示札「深見村」をはじめ、新潟県箕輪遺跡木簡「駅家村」、神奈川県居村遺跡木簡「勾村」「秋村」などの出土資料により、古代の村は律令国家においても生きていることがしだいに明らかになってきたといえよう。

文字がつなぐ古代東アジアの宗教と呪術

三上喜孝

はじめに

よく知られているように、東洋史学者の西嶋定生は「東アジア文化圏」の概念を特徴づける要素として、「漢字」「漢訳仏教」「儒教」「律令」の四つをあげた（西嶋定生『古代東アジア世界と日本』岩波現代文庫、二〇〇〇年）。古代東アジアにおいて、漢訳仏教や儒教の伝播と漢字文化の広まりは、分かちがたく結びついていた。

古代東アジア、とりわけ日本における宗教文化は、仏教や儒教などが截然と分かれて受容されたとみるよりもむしろ、それらが渾然一体となって受容されていったのではないかと思われる。『日本書紀』にみえる有名な聖徳太子の十七条憲法は、儒教や仏教をはじめとするさまざまな思想を習合しているし、九世紀に成立した最古の仏教説話集である『日本霊異記』も、仏教説話集でありながら、その内容は冥道信仰などとも結びついている説話が多い。

木簡にも、こうしたことを示す象徴的な事例がある。奈良県明日香村の飛鳥池遺跡から出土した七世紀後半代の木簡のなかには、次のようなものがある。

○飛鳥池遺跡北地区出土木簡（『木簡研究』二一）

・観世音経巻

・支為□支照而為（左側面）

・子曰学□□是是

長さ一四五×幅二一×厚さ二〇（ミリ）〇一一型式

「観世音経」という文字の習書と、『論語』の学而篇の冒頭部分（「子曰、学而時習之…」）の習書が同一の木簡に書かれており、これは、仏教や儒教が混然とした形で受容されていたことを示す好例である。古代東アジアの宗教文化は文字（漢字）文化に大きな影響を与えたと考えられるが、それは、抽象的な教義のレベルだけではなく、呪術やまじないの方法といったより具体的なレベルにおいても、大きな影響を与えたと考えられる。そこで以下では、行政や情報伝達の世界で使われる文字表現とは異なる、呪術やまじないの世界で使われる独特の文字表現の中から三つの事例を取りあげ、宗教・呪術と文字の関係を考えてみることにしたい。

一　文字を天地逆に書く

韓国・慶州市の伝仁容寺址の井戸跡から、刀子状に加工され、表裏両面に文字が書かれた木簡が発見された（図1）。冒頭に「大龍王」とあることから、祈雨祭祀にかかわる内容と考えられる（三上喜孝「「龍王」銘木簡と古代東アジア世界」『日本古代の文字と地方社会』吉川弘文館、二〇一三年）。釈文は、以下の通りである。

・大龍王中白主民渙次心阿多乎去亦在

・名者所貴公歳卅金□公年卅五

是二人者歳□中人亦在如契与□□右□

注目されるのは、その書き方である。前後の行が互い違いに天地逆に記されている点が大きな特徴である。これは通常の行政文書ではあり得ない書き方である。

前後の行が天地逆に記される書式は廻文形式と呼ばれ、高麗時代の買地券にもみられる記載方法である。仁宗二十一年（一一四三）に作成された僧侶世賢の買地券（国立中央博物館所蔵）（図2）は、同様

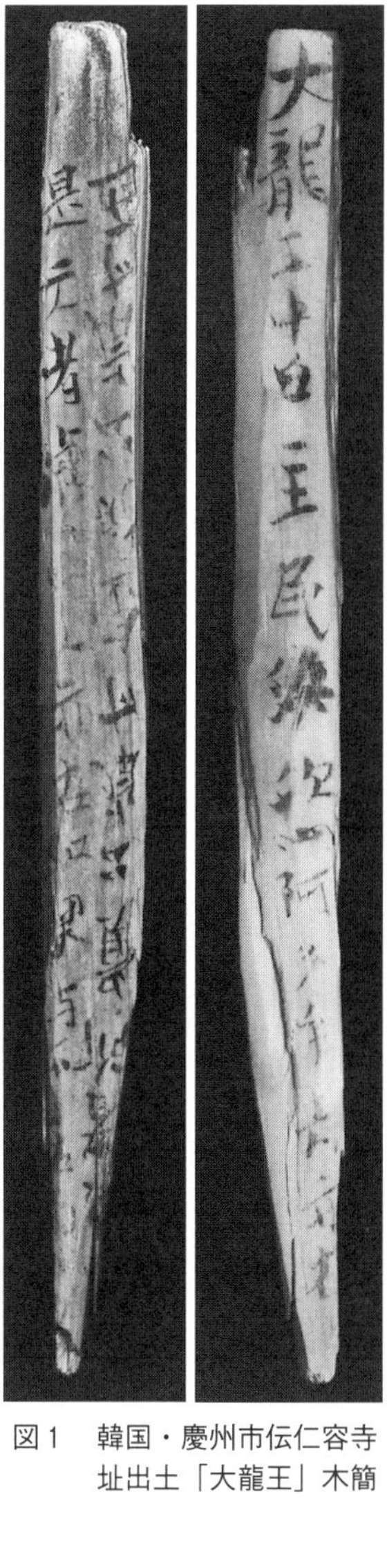

図1　韓国・慶州市伝仁容寺址出土「大龍王」木簡

の形式で書かれたものである。

維皇統三年癸亥歳五月朔丁巳七日癸亥高麗国
興王寺接松川寺住持妙能三重大師世賢
歿故亡人乞人前一萬万九千九百九十文就
皇天父后土母社稷十二辺買得頃件墓

図２　松川寺住持世賢買地券（上：表　下：裏）

田周流一頃東至青龍南至朱雀西至
白虎北至玄武上至蒼天下至黄泉四至分
明即日銭財分付天地神明了保人張陸
李定度知見人東王公西王母書契人石
切書読契人金主簿読契人飛上
天読契人入黄泉急々如律令

現代語訳　皇統三年癸亥年五月（朔は丁巳）の七日癸亥に、高麗国興王寺と近接する松川寺住持の妙能三重大師である世賢が歿した。故亡人（亡くなった人物）の願いにより、人びとの前で一萬万九千九百九十文の銭でもって、皇天父と后土母の社稷十二辺に出向き、前件の墓田（墓地）を買ったところ、その周囲は一頃であった。東は青龍に至り、南は朱雀に至り、西は白虎に至り、北は玄武に至り、上は蒼天に至り、下は黄泉に至るに、四至は分明である。即日に銭を天地神明に与えた。保人は張陸と李定度、知見人は東王公と西王母、書契人は石切書、読契人は金主簿である。書契人は天に昇り、読契人は黄泉に入って、急ぎ急ぎ律令どおりに施行せよ（現代語訳は李宇泰著・稲田奈津子訳「韓国の買地券」『都市文化研究』一四、二〇一二年）。

買地券とは、現実世界の土地売買と同様の方法で、地下世界から墓地用の土地を購入するために作られた、土地の神との契約文書である。それは現実世界に向けて作られたものではなく、土地の神に向けて作られた、一種の宗教的行為である。各行がわざと天地逆に記されるのは、現実世界に対してではなく、土地の神に向けた一種のメッセージとして機能していたものと考えられる。

ところでこうした廻文形式の記載方法は、よく知られているように、もとは中国の買地券に由来するものである。一例として、高麗の買地券と同時代の宋代の買地券をみてみることにしよう（池田温「中国歴代墓券略考」『東洋文化研究所紀要』八六、一九八二年）。

○斉阜昌六年（一一三五）鳳翔府虢県朱近買墓田券（紹興九年〔一一三九〕遷葬刻）

鳳翔府虢県磻渓郷廬家社朱近、於阜
昌六年六月七日、於令遠社趙元処、村南
買到白地十畝。内阜新闘四□葬五父。
前用銭一万九千九伯九十文、就皇天父・
后土母・社稷十二辺、買得前墓田、周流一頃。
東至青龍、西至白虎、南至朱雀、北至
玄武、上至蒼天、下至黄泉、四至分明。即日銭
財分付天地神明。牙保人張陸・李定度、
知見人東王父・西王母、書契人石功曺、読
契人金主簿、書契人飛上天、読契人入
黄泉。急々如律令。
『（追記）紹興九年歳次己未十一月一日戊寅朔七
日甲申日、遷葬。朱近』

これは、一一三五年に作成された陝西省鳳翔府虢県出土の「朱近買田券」と呼ばれるものである。この

買田券も廻文形式のものだが、内容をみると、この買田券に書かれた文言が、高麗の買地券とでほとんど同文であることがわかる（前掲「韓国の買地券」）。買地券の定型表現がそのまま高麗の買地券にも受容されていたことを示している。

高麗の買地券の場合、同時代の宋の買地券の影響を直接的に受けていることは明らかだが、それ以前においても、伝仁容寺址出土木簡にみられるような、一行ごとに文字を天地逆に配置するという記載様式は朝鮮半島に存在していた。これもまた中国から朝鮮半島へと伝わっていた記載方法であることは明らかだろう。つまり廻文形式により呪術的意味を持たせるという記載様式は、中国に由来し、それが朝鮮半島の呪符木簡や買地券に影響を与えたとみるべきである。

日本の古代では、今のところ廻文形式が明確な木簡はあまり確認できないが、中世の物忌札のなかに「九九八十一」「八九七十二」が、互い違いに天地逆に書かれている例がみられる。一例として、応永六年（一三九九）の物忌札をあげよう。

○元興寺境内出土物忌札（『日本仏教民俗基礎資料集成四　元興寺極楽坊Ⅳ』中央公論美術出版、一九七七年）

　　九九八十一
・（梵字）　八九七十二　急急如律令
・応永六年五月日

長さ三五三×幅六三×厚さ五（ミリ）

物忌とは、暦や占いなどであらかじめ不吉な出来事が予測される場合、一定期間謹慎する行為をいい、物忌札とはそのときに作成される木の札のことをいう。

物忌札にみられる天地逆に配置する記載方法は、呪符に特徴的な記載方法として古くから知られており、呪符木簡に特徴的なものとして、中世まで続いていくのである。

二　文字を朱で書く

次にとりあげたいのは、千葉県西原遺跡出土の呪符木簡である（図5）。これは完形の呪符木簡で、計三十三字の「口」と三字の「日」を配置し、中央付近に「天柱」、下半部中央には「此身護為（この身を護らんがため）」と読める文字がならぶ。上部中央に目釘の跡があり、建物の入口などに打ち付けて使用した可能性がある。

この木簡で特徴的なのは、文字が朱で書かれていることである。『医心方』所載の呪符には、符籙は「以朱書」（朱をもって書く）という説明があり、本来、呪符は朱の文字で書くものであった。この木簡は、そのことを示す実例であるといえる。

朱書きの文字資料として近年注目されているのは、二〇〇九年に韓国益山市の弥勒寺址の西石塔の解体修理中に、仏舎利容器とともに出土した、舎利奉安記である（図3）。

益山の弥勒寺は、百済の武王の時代に建立された寺院で、中院・東院・西院からなる三院形式の壮大な伽藍として知られている。それぞれの院には、塔と金堂があったが、このうち、西石塔址の解体補修工事

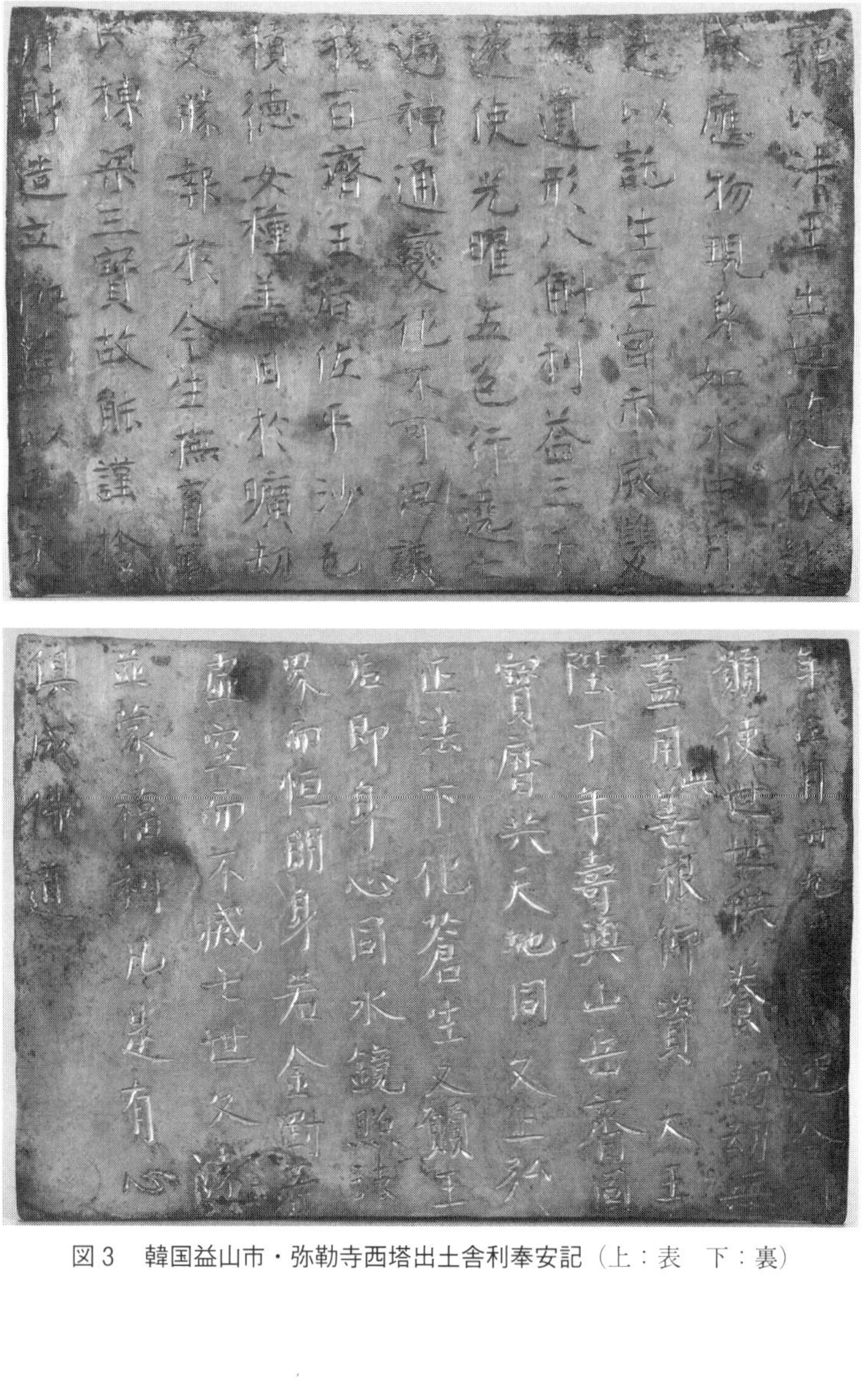

図３　韓国益山市・弥勒寺西塔出土舎利奉安記（上：表　下：裏）

を行う過程で、二〇〇九年に、一層目の心柱石の上面舎利孔から、舎利容器や舎利荘厳具、そして舎利奉安記が発見されたのである。

舎利奉安記には、表裏にわたって一九三字が刻まれており、そこには「己亥年」（六三九）に舎利を安置したことが述べられている。これにより、西石塔の建立年代が明らかになり、その意味でも大変重要な発見であった。

○韓国益山市・弥勒寺址西石塔内部出土舎利奉安記

（表）

1　竊以法王出世随機赴
2　感應物現身如水中月
3　是以託生王宮示滅雙
4　樹遺形八斛利益三千
5　遂使光曜五色行遶七
6　遍神通變化不可思議
7　我百濟王后佐平沙乇
8　積徳女種善因於曠却
9　受勝報於今生撫育萬
10　民棟梁三寶故能謹捨
11　浄財造立伽藍以己亥

（裏）

12　年正月廿九日奉迎舎利
13　願使世世供養却却無
14　盡用此善根仰資　大王
15　陛下年壽興山岳齊固
16　寶暦共天地同久上弘
17　正法下化蒼生又願王
18　后即身心同水鏡照法
19　界而恒明身若金剛等
20　虚空而不滅七世久遠
21　並蒙福利凡是有心
22　倶成佛道

現代語訳　ひそかに思うに、釈迦如来が世に出現なさり、衆生の素質に随い赴き、万物に応じて変化し身を現されることは、まるで水中に映る月のようである。それゆえに、王宮にお生まれになり、沙羅双樹の下でお亡くなりになり、（八つの地方に分配される）八斛の舎利を残され、三千大天世界に利益となさった。かくして（舎利を）五色に光らせ七度回らしめて、その神通変化は不可思議であった。

わが百済王后は佐平である沙乇積徳の娘であられ、長い歳月に善因をお植えになったので、今生に優れた果報を受けお生まれになった。（王后は）万民を撫で育てられ、三宝の棟梁となられたので、恭しく浄財を喜捨して伽藍を造立され、己亥年の正月二十九日に舎利をお迎えなさった。

願わくは、代々にわたって供養をおこない、永遠に尽きることがありませんように。この善根を以てつつしんで大王陛下をお援け申し上げ、寿命は山岳のように堅固で、治世は天地と共に永久に続きますように。上には正しい教義を広め、下には衆生を教化されますように。また願わくは、王后の今現在のご身体が、心は水鏡のように法界を常に明るくお照らしになり、身は金剛石のように虚空と等しく無限に不滅でいらっしゃいますように。七世父母が久しく福徳と利益とを受け、またすべての衆生がともに悟りの道に至りますように（現代語訳は稲田奈津子「百済弥勒寺の舎利奉安記について」『朱』五五、二〇一一年）。

舎利奉安記には、百済第三十代武王の王妃である「佐平沙乇積徳の女」が弥勒寺の伽藍を造立し、乙亥年（六三九）正月二十九日に舎利を奉安したことが記されている。しかしここで注目したいのは、金製の板に文字を刻み、刻まれた文字のなかに朱を入れていることである。刻書するだけでなく、そこに朱を入

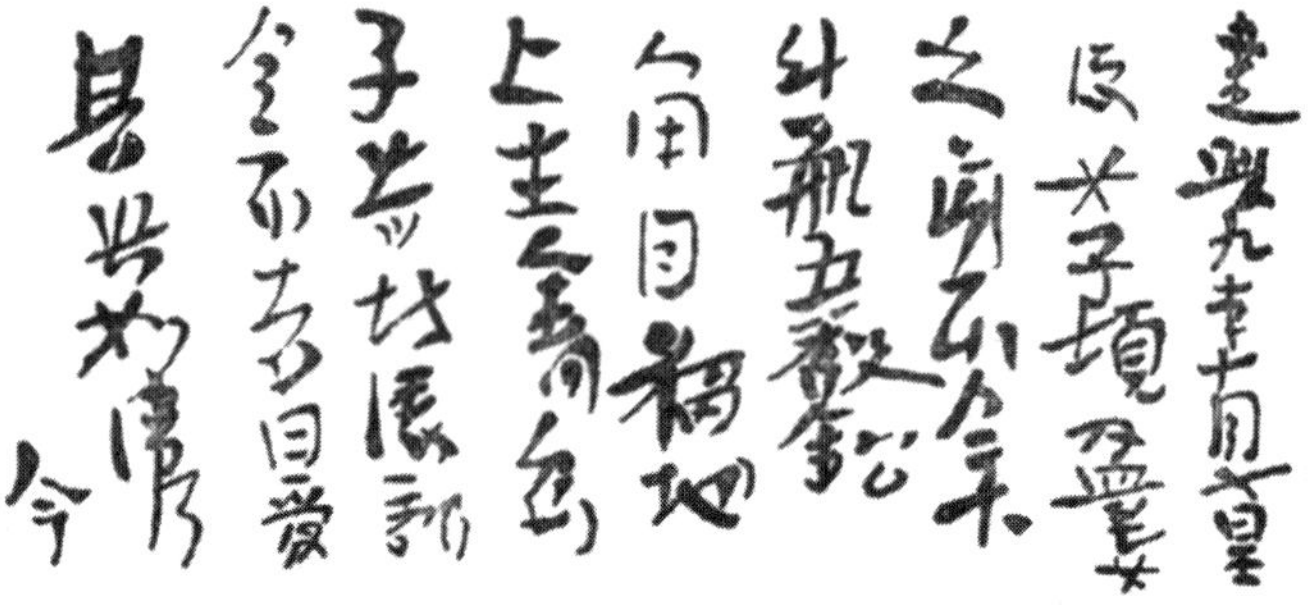

図4　建興9年（321）10月頓盈姜鎮墓文

れるという行為が、何らかの呪術的意味を表していることは容易に想定できる。

実は先にみた高麗の世賢買地券を子細に観察すると、刻まれた文字のなかに朱を入れた痕跡を何カ所か確認することができる。おそらくは買地券の場合も、刻まれた文字のなかに当初は朱がまんべんなく入れられ、あたかも朱書きをしたように見せていたのであろう。刻んだ文字に朱を入れて朱書きのように見せることは、遅くとも七世紀の段階の百済において、宗教儀礼と深く結びついた形で確認できるのである。

古代の中国においては、被葬者の安寧を祈念する文章が書かれた鎮墓瓶と呼ばれる壺が墓に副葬されることがあり、そこに書かれている鎮墓文は朱で書かれることが多い（關尾史郎『もうひとつの敦煌』高志書院、二〇一一年）。祈りを朱書きの文字に込めるという文字表現は、やはり古代東アジアに共通する文化として広まっていったと考えられる。

○建興九年（三二一）十月頓盈姜鎮墓文（図4）

建興九年十月七日壬

辰、女子頓盈姜

之身死、今下
斗瓶・五穀・鉛
人、用目福地
上生人。青烏
子告、北辰詔
令死自受
其央。如律令。

現代語訳　建興九年十月七日壬辰の日、女性頓盈姜がみまかった。今、斗瓶・五穀・鉛人を墓に下して、もって地上の生人に福をあらわさん。青烏子が、北辰の詔を告げる。「死者をして自らその央（わざわい）を受けさせよ。律令に定められたごとく執り行え」と。

このほかにも、西域のトルファンなどで、五世紀から八世紀にかけて製作された「墓表」とよばれるものがある。これは、死者の名前、官職、死亡日時、死亡当時の年齢等を記録して、墓の入口に埋葬したものだが、このときに書かれた文字も、朱書きのものが多く確認されている（荒川正晴「ヤールホト古墓群新出の墓表・墓誌をめぐって」『シルクロード学研究紀要』一〇、二〇〇〇年）。一例をあげると、現在韓国国立中央博物館が所蔵しているトルファン出土の墓表に書かれている文言は、次のようなものである。

延昌廿二年壬寅歳二月
朔乙亥二十一日乙未虎牙将
軍相上将賈買苟

妻索氏謙儀之墓表

現代語訳　延昌二十二年壬寅の歳の二月（朔の干支は乙亥）の二十一日乙未に、虎牙将軍相上将買買苟の妻、索氏謙儀の墓表。

延昌二十二年は五八二年にあたり、麴氏高昌国時代のものである。ほかにも麴氏高昌国時代の墓表は数多く確認できるが、そのすべてが朱書きではなく、墨書のものも含まれている点には注意する必要がある。

いずれにしても、買地券、鎮墓文、墓表といったものは、すべて墓の副葬にかかわるものであり、朱の文字が冥界を意識して使用されていることがこれらから読み取れよう。しかもこうした朱の文字による冥界を意識した表現が、西域から東アジアといった漢字文化の周縁部に至るまで広がりを見せていることは注目される。

次に日本の事例をみてみよう。日本の説話集である『宇治拾遺物語』巻一四には、藤原道長を呪詛するために土器の内面に朱で「一」と書いた、という説話があり、朱書きのもつ特別な力は、平安時代においても意識されていたことがわかる。

今は昔、関白藤原道長は建立中の法成寺の作業の進み具合を見るためにたびたび現地へ赴いていた。ある日、門を入ろうとすると、連れていた犬が激しく吠え回って、道長を中へ入れようとしない。不思議に思った道長が、陰陽師・安倍晴明をよんできて、占いをさせたところ、道長を呪詛する呪物が境内に埋めてあることを犬が気づき、飼い主である道長に知らせたのだという。そこで、安倍晴明が指し示した場所を掘らせてみると、土器を二つ合わせて、黄色のこよりで十文字にからげてあるものが出てきて、中を開けてみると、土器の内側の底に辰砂（朱丹）で「一」という文字が書いてあったという。これは、道長を恨む藤原顕光に依頼されて呪詛した老法師の仕業であった。

これによると、土器の内側の底に辰砂（朱丹）で「一」という文字を書いて土に埋めたことが、藤原道長への呪詛を意味するものであったという。朱で書くことにより、現実世界へのメッセージとしてではなく、冥界などの異界へのメッセージとしての意味をもたせたものと思われる。

朱書きの呪符の実例は、実際のところ日本ではあまり確認されておらず、先に紹介した西原遺跡のものが最も明確にわかる事例である（図5）。また、平安時代の写経のなかには、伝大分県出土の康治二年（一一四三）銘経塚遺物（奈良国立博物館所蔵）のように、法華経や般若心経がすべて朱字で書かれているものもある（『特別展　まぼろしの久能寺経に出会う　平安古経展』奈良国立博物館、二〇一五年）。朱書きの事例が、すべての呪符や経典にあてはまるわけではない点は注意を要するが、朱書きが儀礼や祭祀などの特殊な場合に用いられるべきものとする知識が、東アジアで共有されていたことは間違いないだ

図５　千葉県袖ケ浦市西原遺跡　朱書呪符木簡複製

ろう。

三　異形の文字を書く

八世紀から十世紀にかけて、土器に一文字ないし複数文字を墨書した、いわゆる墨書土器が、全国各地の遺跡から出土する。墨書土器に書かれる文字の意味については、さまざまな解釈があるが、そのうちの一つに、呪術的な文字や記号を書き記すケースがある。たとえば則天文字（唐の則天武后〈在位六九〇～七〇五〉が制定した独特の文字）を書いた墨書土器が、日本の各地の遺跡から出土している。則天文字のような異形の文字が、一種独特の記号のような意味合いで各地に受容されていった様子がうかがえる。

則天文字だけでは説明できない文字もある。筆者が近年調査したものとして、山形県長井市の台遺跡出土の九世紀後半代の土器に書かれた文字がそれである（図6）。この遺跡からは「帀」と書かれた土器が複数点出土している。この字は、大漢和辞典などによれば「ソウ」と音読し、訓読みでは「めぐる」と読まれている。

しかし、延暦年間ごろに書写されたとみられる『新訳華厳経音義私記』（小林芳規解題・石塚晴通索引『古辞書音義集成　第一巻』汲古書院、一九七八年）では、この字を「万字」、すなわち「万」（卍）の字であると説明しており（図7）、台遺跡出土のこの字も、「万」を意味していると考えられる。同様の字形は、群馬県境町上矢島遺跡からも出土しているが、東野治之は、すでにこの文字に注目し、さきの『新訳華厳経音義私記』を根拠に、この字を「万」と判断してよいとしている（東野治之「発掘された則天文

図6　山形県長井市台遺跡出土墨書土器

図7『新訳華厳経音義私記』より「帀」

（『古辞書音義集成　第一巻』汲古書院、一九七八年）

字」『書の古代史』岩波書店、一九九四年、初出一九九二年）。一般に「万」の字は、墨書土器によくみられる字であり、その意味でも、この字を「万」ととらえるのが自然であると考えられる。

　ではなぜ、このような文字をわざわざ書いたのであろうか。東野治之の以下の指摘に、あらためて注目する必要がある。

> 　則天文字類似のこのような文字も、はじめから則天文字との関連に限定するのではなく、広い視点からみていく必要があるように思う。『竜龕手鑑』（遼の行均が撰した古辞書）は、元来仏典にみえる字の辞書として作られた書であるが、そこでは則天文字を載せる場合も、すべて「古文」（古体の文字）としている。古代には日常的に使われたことのない篆書の字が墨書土器

図8　山形県川西町道伝遺跡出土墨書土器「㒵」

図9　『竜龕手鑑』より「㒵」（右）と「𡗗」（左）

にみえるのも（石川県金沢市黒田遺跡）、同じような意識に基づくものと判断される（東野治之前掲論文）。

ちなみに台遺跡の近くにある山形県川西町道伝遺跡からも、則天文字風の字形の墨書土器がみられるが（図8）、これも、『竜龕手鑑』の雑字部にみられる文字と関わるのではないかと東野は指摘しており（図9）、仏典に出てくるこうした異形の文字が、九世紀の出羽国南部の内陸部に伝わっていたと考えられる。

ではこうした異形の文字は、どのような経緯で地方社会へ浸透していったのであろうか。

則天文字をはじめとするこうした異形の文字は、仏典のなかでも読みや解釈が難しい文字とされ、しばしば経典の巻末に抜き出され、訓柱などがほどこされた。これらは「音義」という形で一書にまとめられることもあった。こうした「音義」により、異形の文字が「日常で使われない文字」として広く知られるようになり、やがてそれが墨書土器にも書かれるほどの広まりをみせたのではないだろうか。

平安時代十二世紀の写経と伝えられる『悉曇蔵』（奈良国

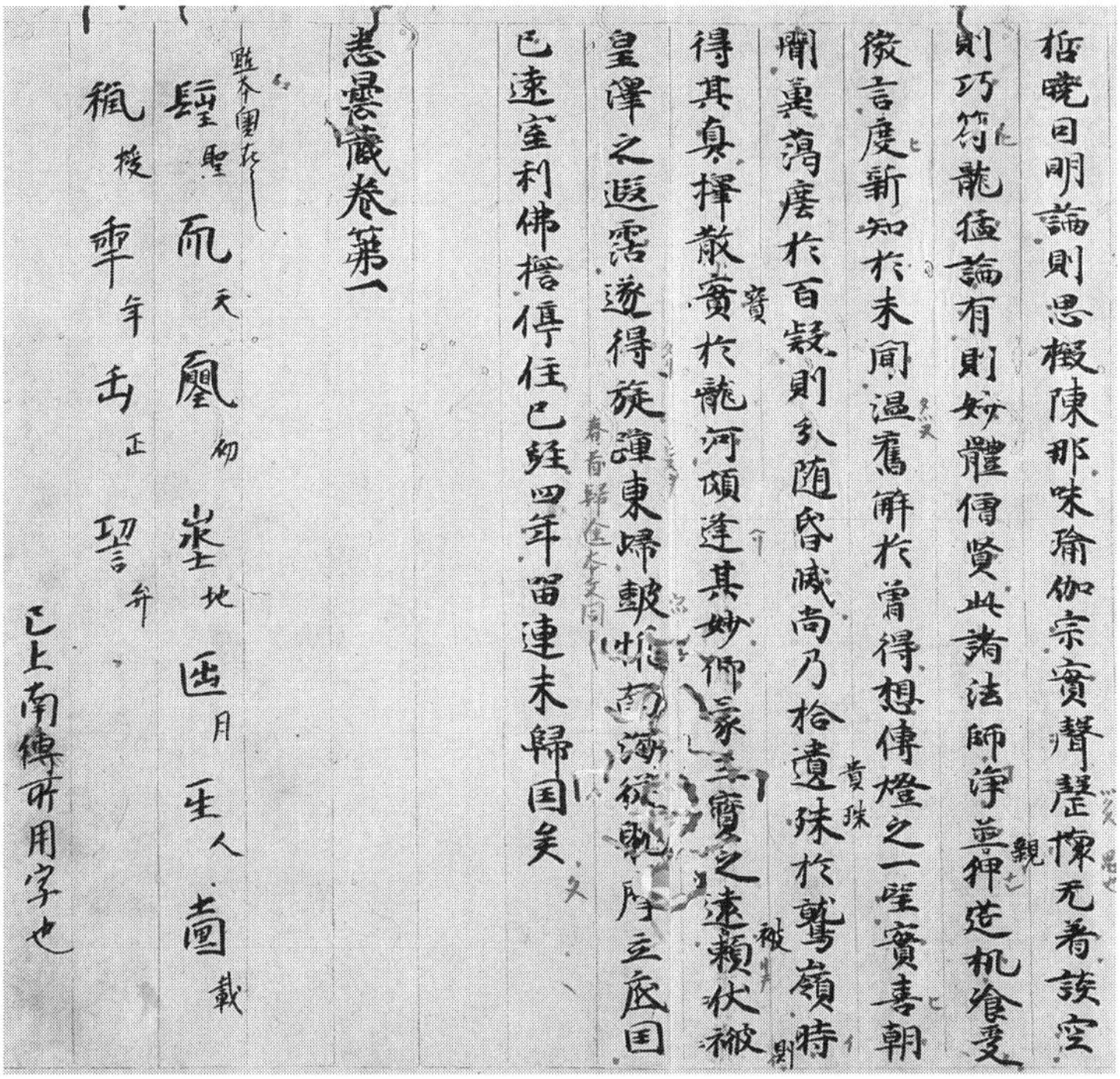

図10　『悉曇蔵』巻一

立博物館所蔵）の巻一の末尾には、経典中に見える則天文字が巻末に抜き出されているが（図10）、興味深いのは、これらが私たちの目から見れば則天文字であることが明らかであるにもかかわらず、ここではその説明がされておらず、「南伝所用之文字也」と説明されていることである。つまりこれらは則天文字として知られたものではなく、おそらくはある時期から、中国の南朝より伝わった古体の文字であると認識されるようになったのである。そして古体の文字が、ことさら文書行政の枠外にある非日常的な文字の使用の際に、とくに意識されたのではないだろうか。

そのように考えると、墨書土器にみえる地域社会への文字の広がりの要因の一つとして、地域社会における仏典の受容という問題が深く関わってくる可能性がある。こうした観点からもう一度、地域社会の墨書土器について再検討する余地があるのではないだろうか。

たとえば北海道や北東北地方にかけて、九世紀〜十世紀頃の各地の遺跡（札幌市サクシュコトニ川遺跡、余市町大川遺跡）から、「夳」（数字の三に人の字を重ねた形）と書かれた刻書土器や墨書土器が出土することがあるが、これについては、「蝦夷」の「夷」と読む説と、「奉」を省画したものとする説があり、現在では後者の説が有力とされている。この点について、鈴木靖民は次のようにまとめている。

「夳」字の土器に関しては、従来「夷」字と判読し、蝦夷の意で秋田城などの国司が主宰する饗宴の場で、いわゆる蝦夷が朝貢して饗宴を受けた際の賜与品とする説が有力視されていた。これに対して賛同する説の一方で、「奉」と読んで信仰を示す可能性を説く論も現れたが、近年、平川南は、古代の墨書土器は日本列島全体の土器の流れのなかでは祭祀行為に伴うものであり、ゆえに墨書土器は列島に共通の文字・記号の種類と字形を有する。共伴する土器に「井」など列島共通の文字群があり、「夳」もこの種の文字群の一つであって、野木遺跡の墨書はすべて土器の倒位に記されるので、饗宴用ではないと論断した。要するに、この文字を持つ土器などが北海道・北東北に多く分布するという偏差を重視するよりも、本州各地の墨書土器の事例と流れ全体から推して、「夳」は「奉」の略形と判断することができ、土器の文字は「国神奉」（千葉県庄作遺跡）の例のように神仏に食物などを奉って捧げ、祈願する儀礼、祭祀に使う象徴的な文字で、タテマツルを意味すると解するほうが妥当であると考えられる（鈴木靖民「無文字社会と文字・記号の文化」『日本古代の周縁史』岩波書店、二〇一四年）。

「夽」の刻書土器、墨書土器は、北海道や北東北地方に偏在する特徴的な文字である。これを「奉」の省画とみる説は、器に盛った食物を神に供献する（タテマツル）さいに文字を書くことが墨書土器の本質であるとする考え方（平川南『墨書土器の研究』吉川弘文館、二〇〇〇年）からすると、非常に魅力的な説なのだが、一方で、省画の仕方が遺跡や地域を越えて共有されているという事実については、どのように説明したらよいのか、問題が残る。

実はこの「夽」の字も、『竜龕手鑑』の雑字部にみえるのである。残念ながらこの字の意味については不明だが、あるいはこの「夽」の文字も、仏典にみえる特殊な文字として、何らかの契機で北東北から北海道にかけて広まっていったと考えることはできないだろうか。一つの可能性として提示しておきたい。

おわりに

以上、通常の行政文書などにはみえない文字表現に注目し、古代東アジアの文字文化と宗教・呪術との関係を考えてみた。中国に端を発する宗教や呪術が古代東アジア世界に広まることに付随して、独特の文字表現も合わせて広まっていったと考えられる。その意味で、宗教や呪術の伝播と文字文化の伝播は、密接な関わりを持っていたのである。

さて、冒頭で西嶋定生の「東アジア文化圏」を概念づける要素が「漢字」「漢訳仏教」「儒教」「律令」の四つであると紹介したが、現実の政治を進めていく上での法律である「律令」もまた、宗教や呪術と深い関わりを持っていた。これに関しては、冨谷至が注目すべき仮説を述べている（冨谷至「近年出土した中国古代の法律」深津行徳・浦野聡編著『古代文字史料の中心性と周縁性』春風社、二〇〇六年）。中国古代の墓の中からは、法制資料が副葬品として出土する例がしばしばみられる。法律文書や律の条文、さらには律の注釈が墓中に入れられたのは、墓主の地下での眠りを妨げる悪霊、邪気を追い払う「魔よけ」としての目的があったのではないかと冨谷は推定している。すなわちさきにみた買地券や鎮墓文などと同様、威嚇や辟邪の役割を担ったのではないかというのである。

鎮墓文や買地券の末尾に常套句として使われている「急急如律令」ももともと、「如律令」が詔令をはじめとする命令、下行文書の締めの句として用いられるもので、「法令と同じ」との表現で、文書に威厳と威嚇を与えた文言であるという。冥界の文書にもそれを記して一種の威嚇の表現としたのではないか、と冨谷は述べる。

「急急如律令」もまた、朝鮮半島や日本列島にも受容され、広まった文言である。そう考えると、現実の政治を動かす律令も、宗教としての仏教や儒教も、実は文字（漢字）のもつ不思議な呪力に支えられつつ、東アジアへ広まっていったとみることができるのではないだろうか。

正倉院文書の世界——公文と帳簿——

仁藤　敦史

一　正倉院文書と複製事業

(1) 東大寺正倉院とは

東大寺の正倉院には、聖武天皇や光明皇后にゆかりの品だけでなく、東大寺造営の役所（造東大寺司）が管理した文書や文房具なども残る。天平時代を中心とした多数の美術工芸品を収蔵していた奈良県奈良市の東大寺大仏殿の北西にある高床の大規模な校倉造倉庫である。ユネスコの世界文化遺産にも登録され、現在は宮内庁正倉院事務所が管理している。正倉院文書は、奈良時代に関する豊富な情報を含む東大寺正倉院中倉に保管されてきた文書群で、主に東大寺写経所が作成した帳簿群をいう（合計六六七巻五冊、広義にはさらに東大寺の経済的運営について記された東南院文書一〇〇巻を含む）。

（2）正倉院文書の構成と整理

江戸時代後期、写経所文書の紙背にある印の捺された史料が注目され、天保年間に元の戸籍・正税帳などの状態を復元すべく一部の文書が抜き出されて、穂井田忠友によって四五巻（正集）にまとめられた。明治時代以降は内務省、宮内省により整理が続けられ、続修五〇巻・続修後集四三巻・続修別集五〇巻・続々修四四〇巻二冊・塵芥三九巻三冊の合計六六七巻五冊の形態になった。これにより文書の研究は大きく進んだが、一方で写経所文書は断片化されてしまい、整理であるとともに混乱ともなり、かつての形態とは異なってしまっている。

とりわけ正集については、天保四年（一八三三）から天保七年（一八三六）まで宝庫修理のため正倉院が開封されたことが契機となり、国学者穂井田忠友により「記録」（目録または帳簿か）「水帳」（正税帳か）「反古」と記された南倉の文書櫃を整理、文書を抜き出して「正倉院文書」四五巻（後に正集となる）を編成し、禁裏に献上するための写本が作られた。その方針は「裏を表に出し職員令の列次を以てことごとく類聚」したとあるように、写経所文書の紙背にあった印影のある文書に注目して（後に原本から模写した印譜集『埋麝発香』としてまとめられる）、戸籍・計帳・正税帳などの公文、私印の文書、良弁・道鏡など著名人の書状等を撰び集め、ほぼ二官八省、五畿七道の順に成巻した。この際に、原形を保存するため、異なる断簡を直接貼り継ぐことをせず白紙を挿入している点は注目される（西洋子『正倉院文書整理過程の研究』吉川弘文館、二〇〇二年）。

（3）正倉院文書の「表」と「裏」

正倉院文書には奈良時代の戸籍など当時の社会を知る貴重な史料が含まれることで知られているが、これは裏面が写経所文書に再利用されたため、結果的に保存されたものである。写経所文書は、天平期を含む八世紀の神亀四年（七二七）から宝亀七年（七七六）までの約五〇年間にわたって作成された東大寺写経所の帳簿類である。

公文と呼ばれる律令制下で官庁が作成した文書や諸国からの報告書のほとんどは、一定期間（戸籍は三〇年）の保存後に廃棄されていたが、廃棄文書の一部は東大寺写経所で帳簿として再利用された。たとえば、大宝二年（七〇二）の筑前国嶋郡川辺里戸籍は、天平二十年（七四八）四月十日の写経所解案（申請経師等布施事）が紙背文書（正倉院文書の「裏」）として残り、再利用されている。写経所文書が正倉院に納められ、保存されたことで、奈良時代の戸籍・正税帳などの貴重な史料が今日まで残ることになった。なお、正倉院文書は印に対する関心から、本来は裏面になっていた公文を正集・続修として表裏を逆転させて、表面に編集し直している。

（4）国立歴史民俗博物館の複製製作事業

国立歴史民俗博物館が行っている正倉院文書複製事業は、大学共同利用機関として創設された一九八一年に、宮内庁の許可のもとに開始され、現在まで同博物館の継続的な重点事業となっている。この事業には巨額の費用と半世紀以上の時間を要するが、その必要性と意義とは、第一に旧来のモノクロ写真では研究に限界があったことである。原本の利用においても、通常は勅封の正倉院宝庫に収められ、年一回の奈良国立博物館での正倉院展に数巻が展示されるのみであった。写経所帳簿が多くを占める正倉院文書においては、朱や緑青・白緑などの書き入れや合点、公文における朱の官印などを含む原本情報が重要である。こうした情報が十分に公開されていなかった状況を打開することが、正倉院文書全巻の精巧なカラー印刷による複製を作ることによって解決できると考えられたことである。

第二に、多くの国民と歴史研究者に役立つものを提供する責務を有する歴史系博物館、とりわけ歴史系では唯一の国立大学共同利用機関として設立され、日本の歴史と文化を展示する国立博物館としての使命として、奈良時代を代表する文書群により、律令国家の文書行政の実態を原資料に即して示すことが可能となる点である。勅封の正倉院宝庫に収められている文書を借用することはまったく不可能であり、一部の宝庫外に流出した文書により全体を永続的・計画的に示すことも不可能であった。そのため、同博物館ではレプリカの積極的活用を構想した。レプリカ製作のメリットは、オリジナルが巨大であったりして、移動不可能な場合、さらには本来の歴史的景観のなかで活用されるべき資料においては、精巧なレプリカを活用することにより、オリジナルの保存が可能となるだけでなく（この点は東日本大震災以降に強く意識されるようになった）、移動不可能なものの相互比較が可能となる点である。とりわけ正倉院文書においては、幕末から明治にかけての複雑な整理過程において原本の様態が失われているが、レプリカを活用すれば本来の形状を復元することも可能となる。

国立歴史民俗博物館では、レプリカの方法として長期の保存・利用、耐久性に優れた原色コロタイプ印刷法を採用した。連続階調によるなめらかで深みのある質感、また和紙や特殊なコロタイプインキによる強い耐久性等、表現力と科学性を共に持っており、他の印刷技術の追随を許さぬ独自のものである。耐久性が極めて高い特色インキは、他の版式に比して格段に固くそれだけ顔料比率が高く堅牢であり、永久保存には最も適している。コロタイプ印刷では、手漉き和紙への両面刷や、軸木への印刷が可能である点も特筆される。

撮影には、六〇〇〇万画素以上の高画素数のデジタルカメラを使用するが、色分解したネガの作成や印刷には、熟練した職人の手作業が必要となる。ハイテク機器を利用しつつも、人間の手による微妙な作業のうえに、高度なコロタイプ複製が可能となっている。

同館では、創設以来、三〇年以上にわたり正倉院古文書約八〇〇巻の完全複製を現在も遂行中である。二〇一四年度末現在までに、延べ一〇〇回以上の館員による出張を行い、続々修第一二帙まで撮影が進行し、約三五〇巻が完成、第一展示室の常設展示コーナー「正倉院文書の世界」で毎月展示替えを行いつつ公開している（虎尾俊哉「正倉院文書複製事業とその思い出」『正倉院文書研究』五、吉川弘文館、一九九七年。仁藤敦史「正倉院文書研究と歴博複製事業の役割」国立歴史民俗博物館『研究報告』一九二、二〇一四年）。

二　公文の世界——正倉院文書の「表」——

公文は、戸籍・計帳・正税帳などに分類される。基本的に地方から都へ定期的に国司が持参する国政に関係した政務報告の帳簿群で、偽造を防ぐために文字面のうえに印を捺し、紙の継ぎ目には文書名の裏書きがなされた。古代の印は文書などに権威や信用を与えるために文書の全面に捺され、とりわけ古代国家が製作した官印は、公の権威を極度に抽象化したものであり、国家の意思を示す内印などは、為政者にとっては、時として生身の天皇よりも重視されるほどの存在であった。官印の種類や用途、サイズなどは、律令の公式令に詳細に規定されている。公印の種類は、内印（天皇御璽）・外印（太政官印）・諸司印・諸国印の四種が規定され、大きさも最大の内印が方三寸（約九センチ）で、順次小型のものとして規定されている。基本的に中央からの命令には内印が、諸国からの上申文書には諸国印が捺されてることになっており、正税帳などの公文は、諸国からの上申文書である解の様式を用いている。

（1）戸籍

まず戸籍は、古代国家が公民を把握し、支配するための基本台帳である。律令の篇目の一つである戸令によれば、一里は五〇戸で編成し、里長を置き、各戸には戸主という世帯主が置かれた。戸には税金を負担する課口（正丁＝成年男子）と負担しない不課口（女性、有位者、賤民、老人、未成年、身体障害者）が書き分けられた。戸籍の基本単位は戸（郷戸）で、この戸は複数の房戸によって構成される。戸籍では人々を課税や身分登録の台帳として利用するため、戸（郷戸）ごとに登録・集計し、里ごとに記載している。個人は、性別・名前・年令・戸主との続柄が記載されている。戸籍は六年ごとに造られ、三通のうち二通は中央の太政官に送り、一通は国に留めておくことになっていた。戸籍には古い三段書きの美濃（御野）国戸籍タイプと一段書きの新しい西海道・下総国戸籍タイプがある。

養老五年下総国葛飾郡大嶋郷戸籍は、「孔王部」姓がほとんどで、甲和・仲村・嶋俣の三里で大嶋郷を構成し、その人口は合計一一九一人に及び、一戸平均二四人の大家族で編成されていた。この郷戸の下に複数の房戸があり、現在の家族に近いものであったと考えられている。なお、養老五年（七二一）の下総国戸籍は、天平二十年（七四八）の帳簿が「裏」に使われているので、三〇年の保存期間が必ずしも守られていなかったことになる。

ここでは嶋俣里（現在の東京都葛飾区柴又付近）に居住した房戸家族の実例を示す（続々修三五―五）。

戸主孔王部荒馬年伍拾伍歳　正丁　課戸
　妻刑部龍売年伍拾陸歳　丁妻
男孔王部麻呂年拾陸歳　小子　嫡子
男孔王部弟麻呂年拾伍歳　小子　嫡弟
男孔王部刀良年拾歳　小子
女孔王部刀良売年弐拾玖歳　丁女　嫡女
女孔王部小白売年弐拾捌歳　丁女
女孔王部真刀良売年弐拾伍歳　丁女

これは戸主孔王部荒馬の戸籍で、夫婦と三男三女の八人家族である。当時の戸籍の戸は、こうした現代の家族に近い房戸をいくつか集めて郷戸とし、これらを基礎として一里を編成していた。具体的には戸主孔王部荒馬は、房戸主であるとともに、さらに、それぞれ真熊・牟呂・若麻呂を戸主とする三つの房戸を束ねる郷戸主でもあった。他の三人の房戸主は、荒馬の弟あるいは甥という続柄で、それぞれ四十九歳、三十二歳、二十八歳であり、最も年長の荒馬が全体の戸主となっていた。ちなみに、荒馬の子には十歳の三男「刀良」（とら）がおり、妹ではないが荒馬の弟の戸には、長女（嫡女）の「佐久良売」（さくらめ）

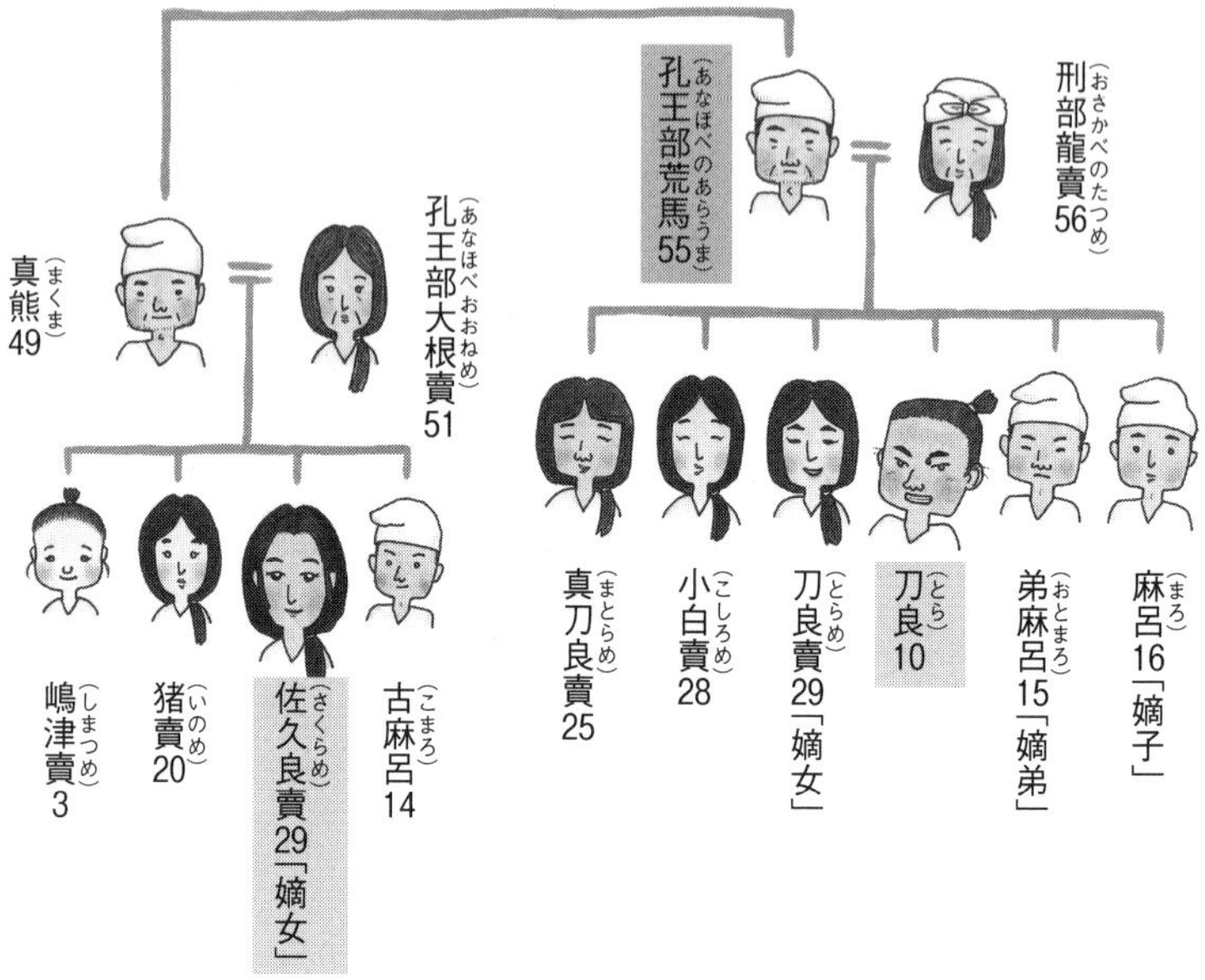

図１　戸籍：柴又付近に住んでいた家族の実例
（下総国葛飾郡大嶋郷戸籍より復元）

がおり、柴又に住む古代の「寅さん一家」が確認される。

（2）計帳

計帳は、国郡ごとに戸数・口数・調庸物数を集計した文書で、戸ごとに性別・人名・年令・身体的特徴などを記入する。毎年作成され、これを元に予算編成や税収等を把握する調庸の基本台帳になっていた。計帳は各戸から提出される自己申告書たる「手実」（用紙は自己負担）を基礎として、「手実」を役所で清書した「歴名」（手実をそのまま貼り継いだものもある）、戸数や戸口・課口数を集計した「大帳目録」の異なるタイプのものが残っている。手実は天平五年（七三三）の右京計帳手実、計帳歴名は神亀三年（七二六）の山背国計帳、大帳は阿波国計帳目録が実例として残る。
ここでは神亀三年（七二六）の山背国愛宕郡出雲郷雲上里計帳にみえる戸主出雲臣冠の戸の実例を示す（正集一一）。出雲郷は小山・鞍馬口（現京都市北区）、鴨川・堀川間の洛中（現同上京区）にあたる。

紙戸主出雲臣冠　年伍拾漆歳　残疾　両耳聾　左食指爪无
妻木勝族小玉売　年弐拾捌歳　丁妻　額下毛在
男出雲臣石前　年参拾参歳　正丁　頤黒子
男出雲臣石楯　年参拾歳　残疾　右足踝筋絶　左上頬黒子
男出雲臣稲日佐　年拾壱歳　小子　額疵
男出雲臣人日佐　年拾歳　小子　右頸黒子
男出雲臣価長　年伍歳　小子
男出雲臣市日佐　年参歳　緑子
女出雲臣稲虫売　年参拾陸歳　丁女　頤黒子
女出雲臣鴨刀自売　年漆歳　小女
出雲臣志奈売　年陸拾肆歳　老女　左頬黒子
出雲臣僧　年拾弐歳　小子　眉間黒子
出雲臣広刀自売　年拾肆歳　小女　左目悪
出雲臣広宅売　年肆歳　小女
甥出雲臣田村　年参拾参歳　正丁　右高頬黒子

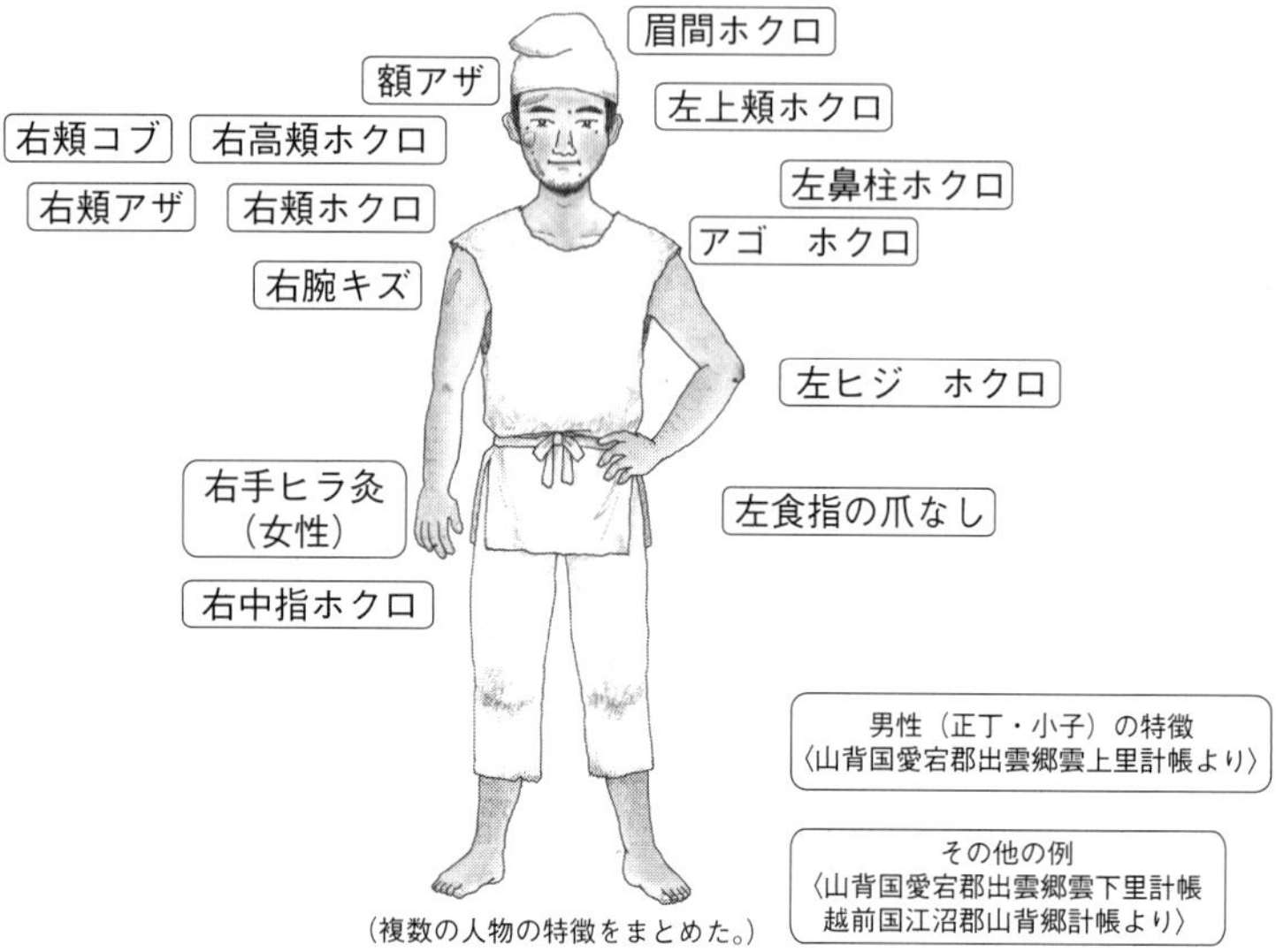

図2　計帳に記された身体的特徴

甥出雲臣石竹　年参拾歳　正丁　右頬黒
子

これらの記載によれば、出雲郷は出雲臣氏が圧倒的に多数を占め、数多くの下級官人を輩出し、さらに半数近くの戸が奴婢を所有するなど、在地豪族層あるいは有力農民層が多数居住する地域だったと推測される。計帳には、戸籍と同様に性別・名前・年令が記載されるが、個人を特定するために、「黒子（ホクロ）」や「疵（アザ）」などの主に服に隠れない部分の身体的特徴が書き込まれていることが特徴である。さらに逃亡の注記が数多くみられ、総計部分には去年の計帳との増減、課口・不課口の別、調銭額などが記載されている。

（3）正税帳

諸国における稲穀の収支・運用・管理の状況を報告するための文書を正税帳という。田租と出挙利稲は国ごとの基本財源であり、その収支については国司がその運用状況を年ごとに中央政府に報告することが義務づけられ、「正税帳」という書式が定められていた。正税帳は諸国から中央政府への上申文書であり、公式令にみえる「解」という文書様式により書かれている。すなわち隠岐国の場合では冒頭に「隠岐国司解　申天平四年正税事」という文言で始まり、末尾は「謹解」の文言で終わっている。

律令国家が農民に課した税である田租・出挙・調・庸・雑徭などのうち、調と庸のみが中央へ貢納され、残りは地方の経費として消費された。これは当時の輸送能力との関連で、重量の軽い物だけが都に運送され、重い米は地方に留められたからと考えられる。原則として農民から集めた田租は消費せず、国郡の正倉に備荒貯蓄され（穀稲）、一方、毎年の出挙で得た利稲（正税）により国衙行政費をまかなった（穎稲）。すなわち、田租の系列は、穀稲→田租収入→備荒貯蓄としての賑給〈動用穀〉および貯積〈不動穀〉という流れであり、出挙の系列は、穎稲→出挙収入→国衙必要経費という基本的流れが地方財政に存在した。このように稲はその用途に応じて各国の正倉に穂首刈りしたままの穎稲・脱穀した穀稲・蒸して乾燥させた保存食である糒などに区分して納められていた。

「正税帳」の形式は基本的に同一で、一国全体の記載（首部）の後に各郡ごとの記載（郡部）が続く。首部も郡部も、基本的には稲穀・穎稲（刈り取ったままの穂）・粟（備荒用の食料）・糒（保存食）・醤・未醤（味噌）などの食料品の数量について、①前年度からの繰り越し（初表示）、②当該年度の収支（中間表示）、③次年度への繰り越し（末表示）という三つの区分により計算している。郡部の最後にはそれぞれ郡司の署名があり、末尾には年月日と国司の署名がなされるのが一般的である。

正倉院文書には、断簡のみではあるが、天平二年（七三〇）から同十一年（七三九）までの合計二七通二一か国（京職を含む）に及ぶ正税帳が残っている。いずれも断片のみしか現存していないのでその全貌をうかがうことはできないが、書式はどの正税帳もだいたい一定しているので、全体のなかでどの部分が現存しているのか推定できる。半端な下一桁までの計算が正確になされ、文字通り「帳尻」が合っていることには驚かされる。

ここでは、ほぼ完全に復元が可能な天平四年（七三二）度隠岐国正税帳の例を以下に示す（正集三四）。

周吉郡天平三年正税穀簸振量定玖仟壱伯玖拾斛捌斗玖升弐
　合肆夕捌撮
（中略）
頴稲参仟壱伯束
（中略）
雑用漆伯漆拾束 穀□七斛二斗 頴二百九十八束 賑給高年
　及鰥寡惸独自存不能之徒伍拾捌人
　穀肆拾漆斛弐斗 振所入四斛七斗二升 返納本倉
神社造用頴弐伯玖拾捌束
出挙頴稲漆伯肆拾弐束 債稲身死伯姓五人 免稲五十八束
　定納本陸伯捌拾肆束 利三百卌二束
合納壱仟弐拾陸束
当年租穀壱伯伍拾捌斛伍斗伍升

都合簸振量定穀玖仟参伯弐斛弐斗肆升弐合肆夕捌撮振入八百卌五斛六斗五升八合四夕

（中略）

頴稲参仟捌拾陸束

隠岐国は海部郡（現海士町）・周吉郡（島後島の南部）・役道郡（島後島の西部）の三郡から構成されているが、示したのは周吉郡の当該年度を中心とした収支記載である。まず稲穀は前年の繰り越しとして九一九〇石八斗九升二合四夕八撮が計上され、雑用として四七石二斗が用いられ、収入として当年の租が一五八石五斗五升があり、次年度には九三〇二石二斗四升二合四夕八撮が繰り越されている（容量は現在の四割とされる）。

一方、頴稲は前年の繰り越しとして三一〇〇束が計上され、雑用として二九八束が用いられ、出挙の債稲身死の五人分として五八束が未納であった。収入としては出挙利息として三四二束があり、三〇八六束が次年度に繰り越されている（束は籾米一斗に相当）。これ以外にも、各役所からの食糧請求の文書である「大粮申請継文」や国における公文書のやりとりを記録した「計会帳」なども残されている。

三　写経所文書の世界――正倉院文書の「裏」――

写経所文書は、公文の裏、すなわち二次文書として利用されている。その多くは、写経という経典を書写することに関係した事務帳簿である。奈良時代の写経事業の中心は、聖武天皇や光明皇后の発願による

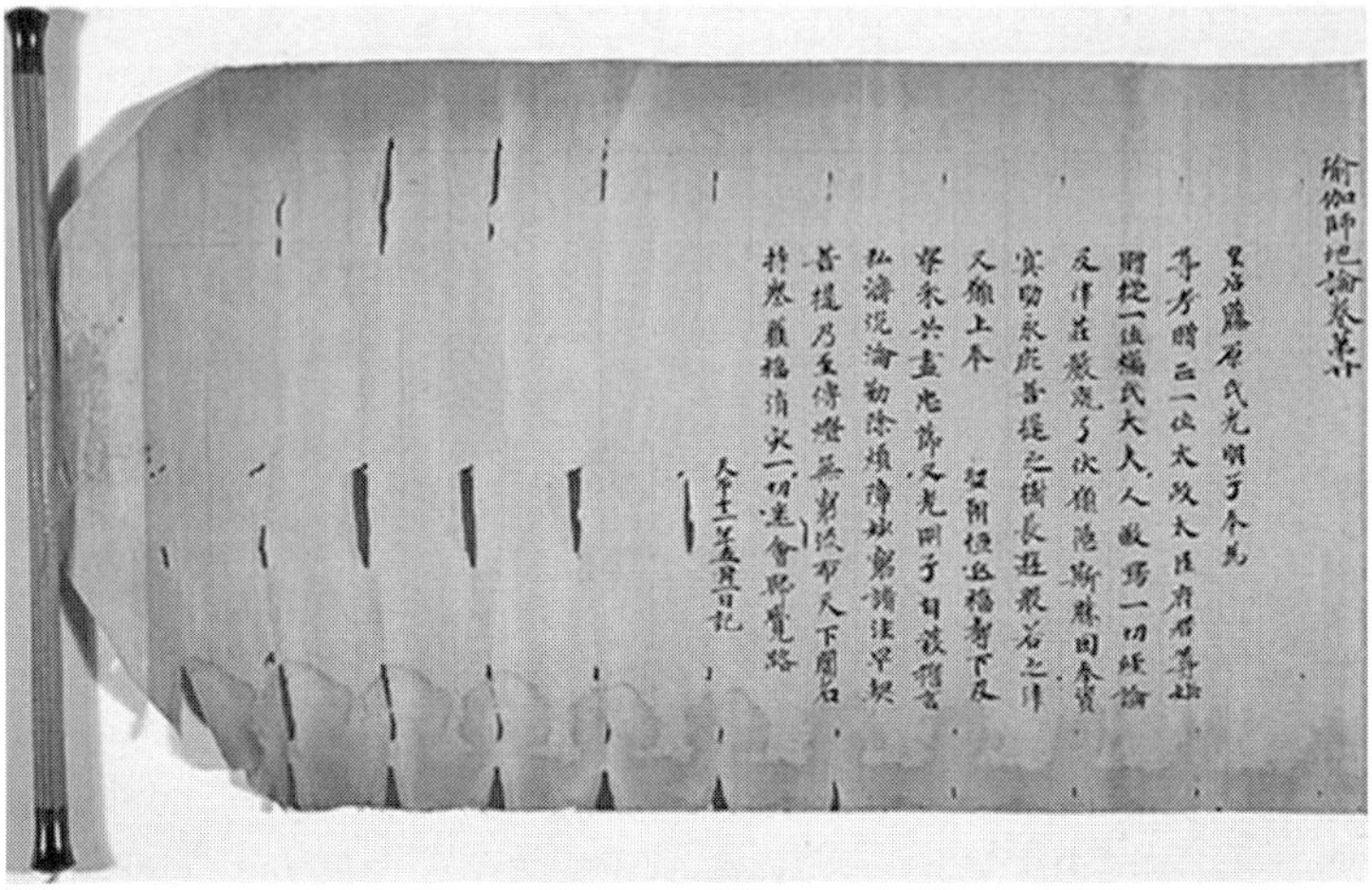

図3　瑜伽師地論巻第20
奥書の日付によればこれも「五月一日経」に含まれる。

一切経の書写である。たとえば、光明皇后が父母の追善供養のため玄昉が中国からもたらした『開元釈経録』という最新の「一切経目録」に基づく写経を行った光明皇后発願一切経（五月一日経）は二〇年間に約七千巻が書写されたとされる。この写経は発願の日付が天平十二年（七四〇）五月一日なので「五月一日経」と呼ばれる。おそらく奈良時代全体の写経総数は一〇万巻を超えると推測されている。こうした一切経事業（常写経）だけでも十数回が確認され、この間に間写経（一切経書写以外の写経事業）や私願経（公的でない個人が発願する写経）などもあり、大量書写のプロジェクトが同時進行していた。

東大寺の写経所ではこうした事業をこなすために、大量の人・物・情報の管理を行う必要から事務帳簿を系統的に作成した。これが現在に残る写経所文書である。ここでは、天平勝宝六年（七五四）二月から行われた「大般若経」と新旧の「華厳経」、あわせて三部の間写経を例にとり、具体的に紹介する。

（1）写経事業の流れ

写経完成までの大きな流れとしては、

⓪　発願
①　予算作成・物品納入（用度申請解案・筆墨納帳）
②　本経借用・管理（請本帳）
③　料紙納入・表具（納紙帳）
④　経師による写経（充本帳・充紙筆墨帳）
⑤　写経の校正・経巻への仕立て（校帳・勘出注文）
⑥　布施（給料）の支給・奉納（手実・布施申請解）

という工程があり、労務管理として食糧支給（食物用帳・食口案）、出勤（上日帳）・欠勤・休暇（請暇解）や役所からの借金（月借銭解）などの文書も残されている。報告・管理・集計・支給などの目的から様々な帳簿が工夫された（大平聡「正倉院文書研究試論」『日本史研究』三一八、一九八九年。栄原永遠男『正倉院文書研究入門』角川学芸出版、二〇一一年。杉本一樹『日本古代文書の研究』吉川弘文館、二〇〇一年。山口英男「正倉院文書に見える文字の世界」国立歴史民俗博物館・平川南編『古代日本と古代朝鮮の文字文化交流』大修館書店、二〇一四年）。

こうした写経を担当する写経所の職員には、管理職として別当・案主・領がおり、実務は経師（写経）・校生（校正）・装潢（写経用紙の準備、装幀）・題師（経典の外題を書く）などが分担した。中心的な写経生には、手本の経典と紙・墨・筆（経文を書くためには菟毛筆、題字には狸毛筆が用いられた）が支給され、一日に料紙七枚、字数としては約三〇〇〇字を書写するのが標準的な仕事量とされた。写経四〇紙で銭二〇〇文、一紙あたり五文の給与が与えられた。また装潢は継（大豆糊での紙継ぎ、二〇枚が標準）・打（墨が滲まないように紙打ち）・界（文字列をそろえるため鹿毛筆により天地と行の縦横線を引く）・端継（仮表紙の取り付け）の作業を担当した。造紙四〇〇枚で給与として布一端が与えられることになっていた。校生は校正を担当し、五紙校正で一文とされたが、脱行や脱字などの校正ミスに対しては厳しい減給がなされた。

⓪　発願

発願の主体は厳密には不明だが、後述するように完成した写経は、法花寺の尼であった全曜が受け取っていることを重視すれば、光明皇后であった可能性がある。

①　予算作成・物品納入

おそらく光明皇后の発願により「大般若経」六〇〇巻と新旧の「華厳経」（八十部華厳経と六十部華厳経）を書写することが写経所に伝えられ、写経に必要な物品が書き出され、予算が立てられる。「造東寺司解」（続々修一〇―一六）によれば、合計七四〇巻分の用紙として一万五二二四張（経紙一万四三二七張・凡紙八九七張）、経師・題師・装潢・校生・雑使などの仕事量を二七五三人日として見積もり、必要な食費なども計上され、これらは写経所の上部組織である造東大寺司に提出された。

やがて筆や墨などを購入するための銭が納入されると、案主（事務官）の呉原生人と補佐役の上馬養が、筆や墨の受け取りの記録を帳簿に付けることになる。具体的には三月十二日に経典書写用として兎毛の筆六〇本（単価五〇文）や界線用の鹿毛の筆二二本（単価二文）を購入するための銭三貫四四文が納められ、十八日には墨二八挺、また四月二十二日には筆七本、墨一六挺が補充された記録が残っている。銭による購入ではなく、現物納入となっているが数字は見積もりに記載された墨四四挺、鹿毛筆二二本と対応していることは興味深い。

予算申請
案主さま。
光明皇后様の
ご発願により、
今度の写経は
『大般若経』と
『華厳経』です。
よし。わかった。
案主　呉原生人
やれやれ…また忙しくなる。
これから毎日続くのか…
補佐　上馬養

図４　予算申請

② 本経借用・管理

写経にはお手本となる経典（本経）が必要なので、新「華厳経」八〇巻は華厳講師であった慈訓（六九一～七七七）のところから借用されている。このお経はもともと入唐して鑑真を招来した業行（普照）が進上したもので、「辛手」（外国で書写された経典）とあることから鑑真とともに招来さ

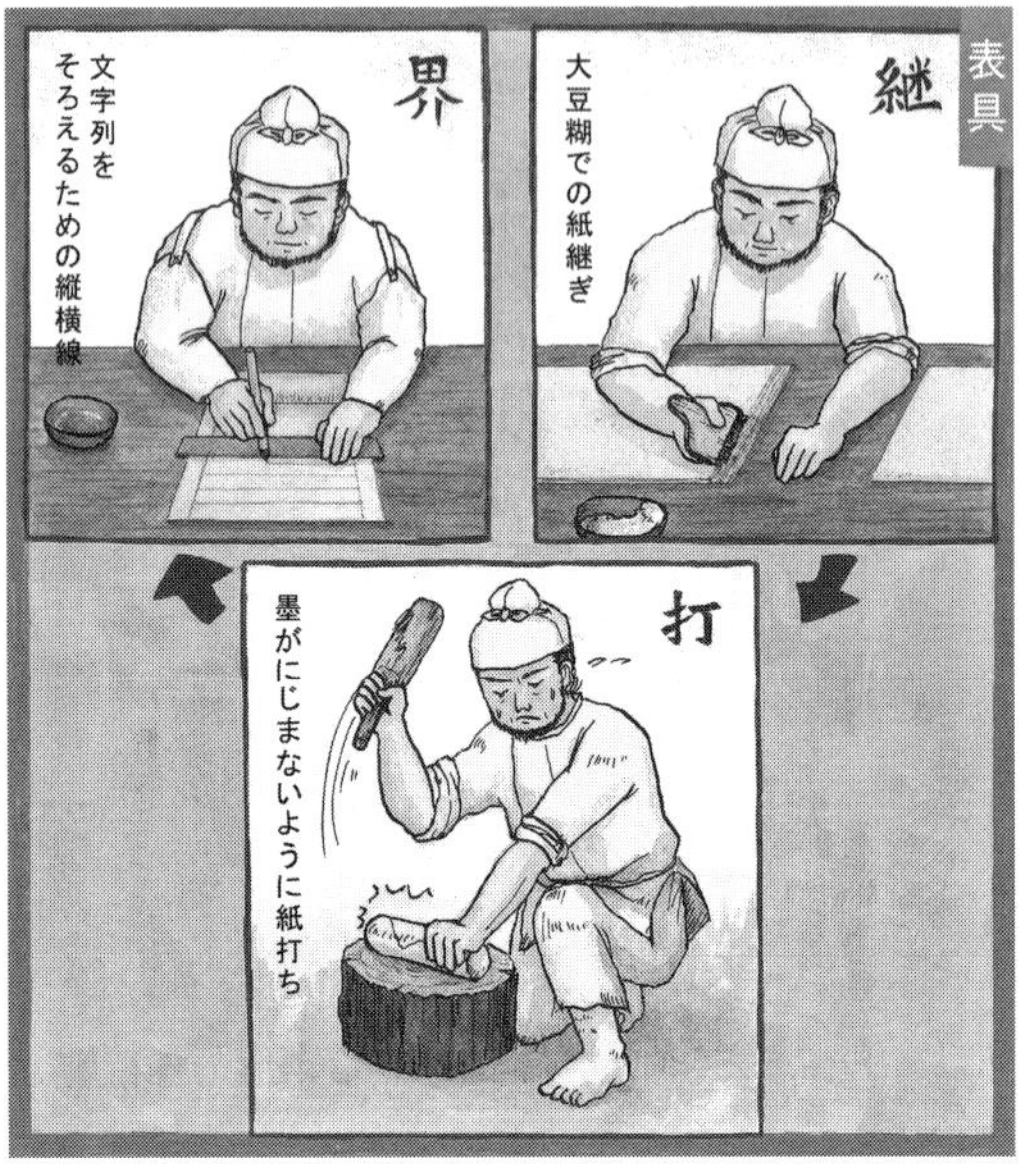

図5　継・打・界

れたものと推測される。華厳講師所から貸し出したことを伝える手紙は「外嶋院来牒継文」（塵芥三五）に貼り継がれ巻物となり、さらに天平勝宝六年（七五四）三月五日に借用し、十月五日に返却されたことが「間写経本納返帳」（続々修一五―九）に記されている。

③　料紙納入・表具

実際の料紙納入については、「経紙出納帳」（続々修三七―四）に見積もりに合わせて、三月十六日付で、案主呉原生人の担当で穀紙一万四三二七張が大般若経一部と華厳経二部料として納入されている。

　十六日納穀紙壱万肆仟参伯弐拾漆張
　右、奉写大般若経一部花厳経二部料一部八十巻 一部六十巻
　　呉原「生人」

さらに実際の写経を行う前には、準備として装潢（表具師）による大豆糊での紙継ぎ（継）、墨が滲ま

ないように紙打ち（打）・天地と行の縦横線を引く（界）・仮表紙の取り付け（端継）などの作業が必要となる。装潢による継・打・界の標準的な作業量については、

装潢作物法
一日継紙六百張　界三百張　打二百張

とある（続々修四六―六）。

「写経疏間紙充装潢帳」（続々修二八―九）の記載によれば、大般若経料紙の作業は能登忍人が担当し、

大般若経料紙充装潢等
能登忍人
三月十六日充二千四百張十九日造上二百張　廿日上二百張　廿一日上二百張　廿七日二百張　廿八日二百張　廿九日二百張

などとあるように二〇〇張単位の作業が報告されている。この帳簿の形式は人物ごとに日付と数量が記載されている。このような人物ごとに必要事項を記載する形式は銀行口座の帳簿のようなので「口座式」と呼ばれる。また、必要事項を日付順に記載する「日次式」も存在する。「口座式」では経師ごとに紙を支給した日付と数量が記載されるが、「日次式」には支給する紙の種類と数量・受給者が記載されるなどの違いがある。

④　経師による写経

ようやく写経の段階になると「経師」が書写を担当する。「大般若経一部幷花厳経二部充紙筆墨帳」（続修別集三六）の記載によれば、「口座式」帳簿の形式で、山辺諸公など二〇人の経師に対して毎日二〇張

の紙と筆墨が配給されている。なお、残されてはいないが、他の写経事業のように、お手本（本経）を経師に配分するための「充本帳」も作成したことが推定される。

大般若一部并花厳経二部充紙帳
天平勝宝六年三月十九日
山辺諸公　紙十張筆二墨一挺　廿一日廿　廿二日廿返上九　廿五日返上一受廿　廿七日廿返上一　四月二日廿
五日廿返上一　七日廿　九日廿　十日返上一　十一日廿返上一了　五月十三日廿　十五日廿返上五　十六日廿
返上三　十七日百六十　十九日返上二

ここでも「口座式」の帳簿により毎日の紙の支給量が管理されている。最初に筆と墨と紙がセットで与えられ、以後はほぼ毎日二〇紙が支給され、未使用の紙は「返上」として返却扱いされた。月末に「了」の記載があることから月単位の集計がなされていたことが知られる。この帳簿は巻物になっており、内容が開かなくてもわかるようにインデックスとして「充大般若并花厳経紙帳　勝宝六年三月」という標題が書かれている。

この写経事業については経師であった古神徳の手実（個人単位の業務報告書）も残っている（続々修六—一二）。

古神徳写奉花厳経卅巻第一帙十巻　二帙十巻　三帙十巻
第一帙用紙百六十四張
二帙用紙百七十二張
三帙用紙百七十一張

合五百七張（玖を抹消）
都合伍伯捌拾漆張
勝宝六年五月廿五日

手実の提出を受けて、案主は充紙帳などと照らし合わせて、経師の実績を確認・照合し、帳簿に合点や「了」などの符号を付けていった。出来高払いの布施（給料）は、こうした実績に従って払われることになっている。

図６　本経を書き写す

経師は、一人一人に筆や紙だけでなく作業用の机、円座、硯（研）なども配分された。おそらく、案主は立派な円面硯、経師は「陶碗」と表記された転用硯あるいは「風字硯」などが用いられ、写経用紙には吸い取り紙としての「下纏」を重ね、端継と呼ばれる白紙を仮軸につなげて使用したと考えられる。

⑤ 写経の校正・経巻への仕立て

書写されたお経は校生による校正にまわされ、初校と再校という二回の確認がなされる。今回の写経については、「経疏間校帳」（続々修二六―七）の記載によれば、呉原生人・上馬養・飽田石足・工石主・大鳥春人・大伴蓑万呂・阿刀宅足の七人が二度の校生を担当し、六月七日に校生料（布施）を給わったとある（ただし、阿刀宅足については校正数がわずかで、朱の合点がない）。

最後は、経巻の仕立てであるが、ここでは再び装潢にまわされ、仮表紙・仮軸であったものに、装飾された表紙や軸、巻緒が付けられる仕上げの工程がある（装書）。この写経については、写経所への六月十八日付「政所符」（続々修三七―七）によれば、膠とともに絵の顔料として雌黄・紫土が納入され、呉原生人が受け取りに赴いているので、絵軸が採用されたと考えられる。「間経幷疏文造充装潢帳」（続々修二八―一六）によれば、能登忍人が仕上げの「装書」を担当していたことが記されている。

これにより写経はすべての工程を終了し、「大般若経」六〇〇巻と新旧の「華厳経」（八〇巻と六〇巻）の合計七四〇巻が完成する。

⑥ 布施（給料）の支給・奉納

出来高払いの布施（給料）については、直接の史料は残っていないが、見積もりでは二度の校正一〇〇〇張ごとに一端の布を支払うことになっていたので、先述した「経疏間校帳」（続々修二六―七）の記載によれば、合計二〇〇〇張（大般若経二〇帙二〇〇巻分三五三張、同一〇帙一〇〇巻分二五七張、同三〇帙三〇〇巻・華厳経二部一四〇巻分一三九〇張）を校正した案主呉原生人は布二端の布施を得た計算になる。

なお七月三十日付「写経料紙用残帳」（続々修二六―七裏）によれば、この写経事業の終了報告がなされている。

図7　布施を支払う

大般若経一部　花厳経二部百卌巻料穀
紙壱万肆仟参伯弐拾漆張
　用一万三千百九十七張見写百卌表紙
　二百二張空　七百八十八破
　　　七月卅日上馬養
　　　　　呉原「生人」

　ここでは用紙の納入総数、使用内訳が記載されている。なお、経紙一万四三二七張という数は、先述した見積もりの数と一致しているが、残紙数の記載がないことについては、つじつま合わせがなされたのではないかとの指摘がある。

　完成したお経は、天平勝宝七歳二月九日付「法華寺安置経勘受文」（塵芥二五）によれば「三部経」を法花寺に送ったことが確認される。

　大般若経一部
　花厳経二部一部旧 一部新
右、件経、以天平勝宝七歳二月九日、安置法花寺西堂
　　　天平勝宝七歳二月九日

図8　写経生の要望

堂達
勘受尼全曜

法花寺では、西堂の堂達である尼全曜がこれを検査して受け取り、返抄（受け取り）を書いて使者に渡した。法花寺に納入されたことを重視すれば、その関係者（おそらくは光明皇后）が発願した可能性を指摘できる。

（2）請暇解・月借銭解

写経所文書には経師たちの労務管理に関係した文書も多く残っている。経師たちは請暇解という休暇願いを写経所に提出していた。この休暇・欠勤届によれば、汚れた衣服の洗濯、不衛生な職場環境のため消化器系の病気（赤痢・疫痢・腹病）、座り仕事による疾患（足病・腰病）、家族の病気・死亡、神事・仏事などが理由としてあげられている。病気が治らず、休暇の延長申請をする場合や、その間の給料を申請する場合もあった。こうした劣悪な職場環境や労働条件に対しては、浄衣の支給、定期的な休暇、食事の改善、酒の支給など、六か条の待遇改善を要求した天平十一年（七三九）頃の文書の草案が残っている（続々修四六—八）。ただし、この推敲のあとの顕著な草案が実際に清書されて写経司から造東大寺司に提出されたかはわからない。

また経師たちは京内で生活するためにお金が必要であった。彼らはお金が足りなくなると月借銭解という借金申込書を提出して、役所に借金をした。質草がなければ、給料の前借りをしなければならなかった。ただし、役所にとっては安定財源、写経生にとっては交易の資金などのメリットもあった。（山下有美「月借銭再考」栄原永遠男編『日本古代の王権と社会』塙書房、二〇一〇年。市川理恵「下級官人と月借銭―宝亀年間の一切経事業を中心に―」『正倉院文書と下級官人の実像』同成社、二〇一五年）

沈没船木簡からみる高麗の社会と文化

橋本　繁

一　高麗木簡の概要

朝鮮半島ではこれまで、約七五〇点の木簡が出土している。百済、新羅など古代のものが大部分であるが、最近になって高麗時代の木簡の発見が相次いでいる。これらの木簡は、高麗時代の社会や経済についての貴重な史料となっているだけでなく、これまで手がかりのすくなかった当時の日常生活の様子についても物語ってくれる。本稿では、高麗木簡の概要について示した上で、文字文化についてみていきたい。

高麗時代の木簡は、いずれも忠清南道泰安郡海域の沈没船から発見されている。これまでに四隻から合計一八九点が発掘されており、竹から作られたものも一〇〇点含まれている。竹製の木簡について報告書では「竹札」と呼んでいるので、これに従いたい。

なお、以下、特に断らない限り「木簡」は竹札を含めた総称として使用する。詳細な内訳は表1のとおりである。

いずれも地方から都に運ぶ物品に付けられた荷札であり、航海の難所として知られる泰安沖で沈没したものである。

年代については、幸いなことに、木簡に干支年が書かれていたり、また、宛所として書かれた人名が『高麗史』などの史料で確認されるため、推定が可能である。偶然にも発見された順に年代が古く、泰安船は一一三一年、馬島一号船は一二〇八年、馬島二号船は一二二〇年ころ、馬島三号船は一二六〇年代後半に沈没したことが明らかになっている。

表1　高麗時代の木簡一覧

船名	出土点数	発掘年
泰安船	34点（すべて木簡）	2007～08年
馬島１号船	73点（木簡16点、竹札57点）	2009年
馬島２号船	47点（木簡24点、竹札23点）	2010年
馬島３号船	35点（木簡15点、竹札20点）	2011年

木簡の年代を高麗の歴史のなかで位置づけてみる。高麗は、九一八年に王建によって建国され、都を開京（開城）に置き、九三六年に後三国を統一した。十一世紀後半ころに制度が完成し、最盛期を迎える。十二世紀に入ると次第に社会が乱れるようになり、一一三五年には西京（平壌）に拠点をおいた妙清の乱がおきている。支配体制の矛盾が高まるなかで一一七〇年に武臣によるクーデターが起き、それまでの文臣に代わって実権を握るようになった。一二七〇年までの百年間は、武臣執権期と呼ばれている。この間、一二三一年からはモンゴル軍によって断続的に侵略を受け、一二三二年に都を開京から江華島に遷して抵抗を続けた。一二七〇年に武臣政権が崩壊してモンゴルに降服し、都を開京に戻している。滅亡は一三九二年のことである。

このように、高麗木簡の年代である十二世紀半ばから十三世紀後半は、支配体制の動揺が表面化し、武臣が政権を握っていた時期と重なっている。このことは、木簡を理解する上で少なからず障害となってい

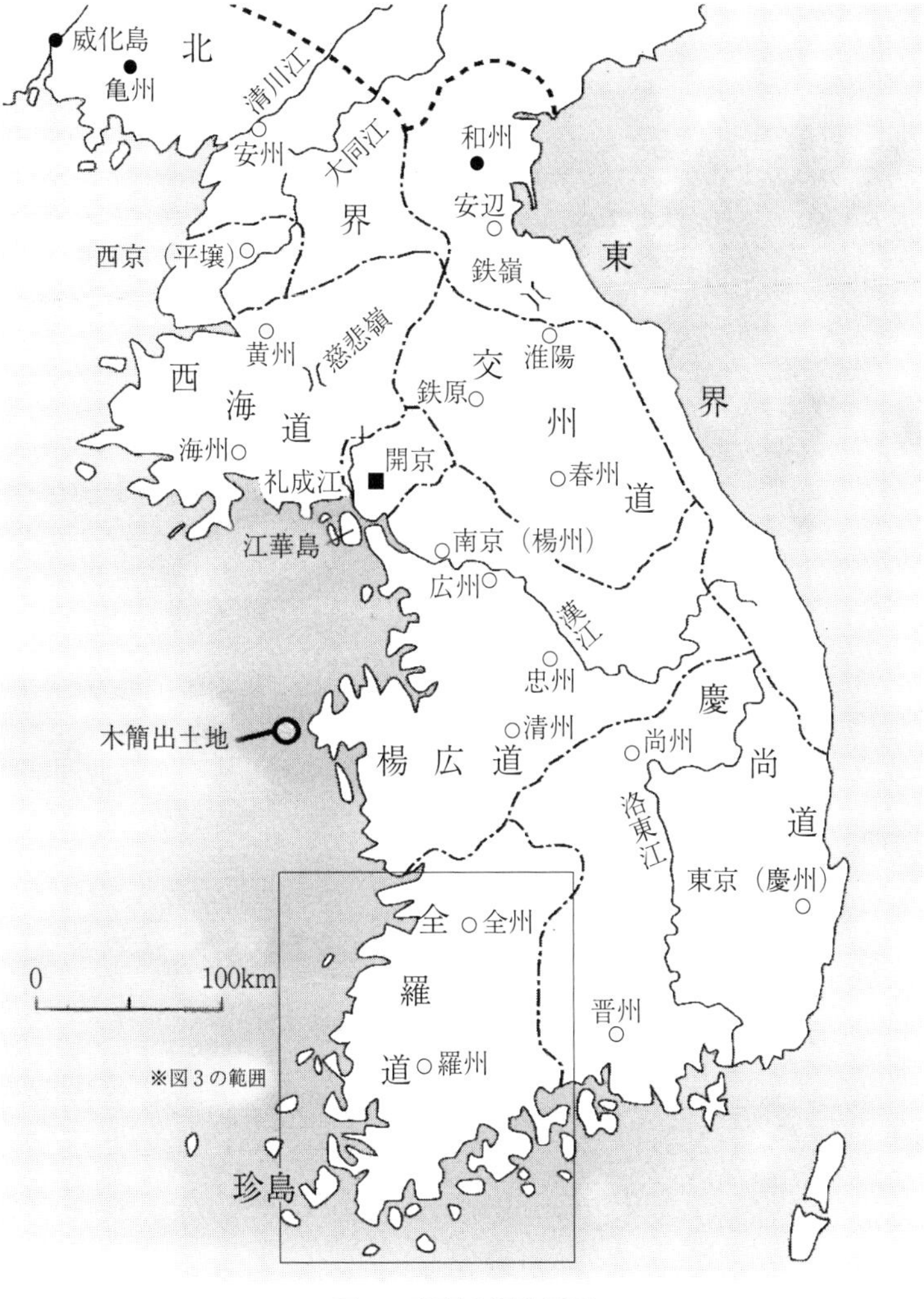
威化島
北
亀州
清川江
安州
大同江
界
和州
安辺
西京（平壌）
鉄嶺
東
黄州
慈悲嶺
交
淮陽
西
鉄原
海
州
道
界
海州
開京
春州
礼成江
道
江華島
南京（楊州）
広州
漢江
忠州
慶
木簡出土地
清州
尚州
楊 広 道
尚
洛東江
道
東京（慶州）
全
全州
0
100km
羅
晋州
道
羅州
※図３の範囲
珍島

図１　高麗の行政区画

る。なぜなら、『高麗史』などの文献史料に制度についてのまとまった記述が残されているが、木簡が使用された時には、本来の制度から変容していた可能性がある。そのため、木簡に記された内容を『高麗史』にそのまま結びつけて理解してよいのか、あるいは変容した後の状況として見るべきか、常に注意しなければならない。

例えば、木簡の内容から、船に積まれていた貨物は、地方から都に向けて運ばれる途中であったことは明白である。しかし、その輸送方法が、『高麗史』に規定されている国家が運営する漕運制によるものなのか、あるいは、私的に運んでいるものなのか、それとも両者を兼ねた性格をもっているのかを理解するのは容易ではない。

いずれにせよ、高麗時代の社会経済的な状況についての一次史料が非常に少ないなかで、貴重な資料であることは疑いない。

二　記載内容

高麗木簡は、数点の例外を除けばすべて荷札である。泰安船と馬島三号船とでは一〇〇年の年代差があるが、基本的な記載内容は共通しているといってよいだろう。

もっとも典型的な記載内容をもつ泰安船一号木簡（図2）によって記載内容をみていきたい。

図2　泰安船一号木簡

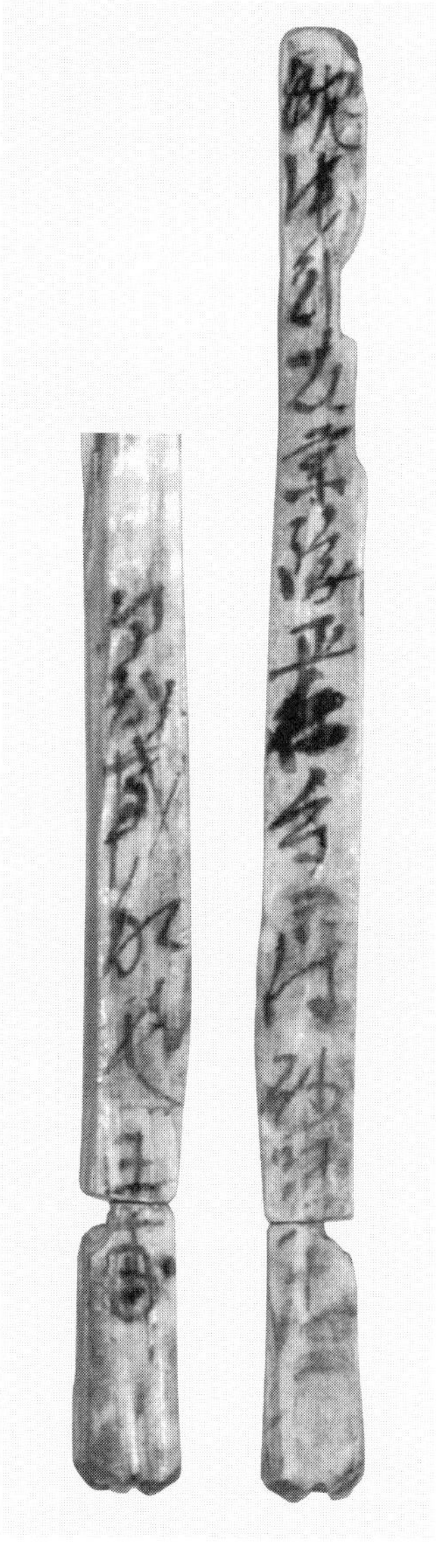

表面「耽津県在京隊正仁守戸付砂器壱裹」
裏面「　　　　次知載船長（手決）」

図2は表面冒頭の「耽津県」が荷物の発送地である。後述するように、これまでのところ発送地として記されているのは郡もしくは県のみである。郡県がみられるのは当然のように思われるかもしれないが、高麗には、そのほかに雑所と総称される特殊な行政機構も存在した。雑所の人々は、物品の生産、交通運輸など特定の役務を担わされ、科挙受験が制限されるなどの差別的待遇を受けた。泰安船の多量の青磁も磁器所で造られたと考えられるが、木簡にみられるのはあくまで郡県のみである。こうした点も、高麗の地方制度や生産体制を考える上で大きな課題となる。

続く「在京隊正仁守戸付」が宛所である。「在京」は都にいることを意味し、「隊正」は官職名、「仁守」

は人名である。官職名のほとんどは、職位のみで具体的な官庁名が記されていない。「隊正」は中央軍の二軍六衛にそれぞれ置かれているので、これだけではどの部隊に属しているのかが不明である。また、人名の書き方も一定せず、本木簡のように名のみ記される場合もあれば、「尹起華」「呉文富」のように姓名ともに書かれる場合、「崔」のように姓のみ記される場合がある。物品の宛所であるにもかかわらず、このような簡略な情報で充分であったということは、発送地と宛所との間には継続的な関係性があったのであろう。人名の後の「戸付」は「~の戸に付す」という意味である。地位の高い人物に対しては「宅上（~の宅に上（たてまつ）る）」を使用しており、使い分けが存在する。

表面最後の「砂器壱裹」が荷物の内容で、「砂器」は高麗青磁を、「壱裹」はそれを重ねてひとまとめにしたものを意味する。泰安船の高麗青磁は、数十個を重ねて梱包した状態で発見されており、これを「裹」と表現しているのであろう。

裏面の「次知載船長（手決）」は、発送担当者の情報である。「次知」は後述するように朝鮮独自の漢字表現で「担当すること」を意味するので、「次知載船」で船に載せることを担当したということである。このほかに「使者」と記される場合もあるが、担当した作業が異なるのかどうか、実態は未解明である。「長」は、郷吏と呼ばれる地方の在地有力者の長を意味し、輸送に彼らが関わることのあったことがわかる。最後の「(手決)」としているのは、署名・サインの書かれていることを意味する。

全体をみれば、次のとおりである。

表面「耽津県から都にいる隊正の仁守の戸に送る青磁一包み」

裏面「船に載せるのを担当したのは在地有力者である（署名）」

これら木簡の記載内容を通じて、どこから、誰に向けて送った、どのような物品であるかということがわかるのである。それぞれについて、順にみていきたい。

（1）発送地

発送地としてみられるのは、表2および図3のとおりであり、いずれも、現在の全羅南北道地域から送られている。泰安船と馬島三号船は一箇所しか地名がみられないが、馬島一号船、二号船からは複数の地名がみられる。馬島二号船は地理的に近接しているが、一号船は互いにかなり離れている。会津県、安老県、竹山県は、大きくみれば同じ栄山江流域といえるが、遂寧県は南海岸に遠く離れており、なぜ同じ船によって運ばれているのかは不明である。この点は、王朝による漕運制度が実際にはどのように運用されていたのかという問題とも関わる。

表2　発送地

船名	地名	現在地
泰安船	耽津県	全羅南道康津郡
馬島一号船	竹山県	全羅南道海南郡馬山面
	会津県	羅州市多侍面
	遂寧県	長興郡長興邑
	安老県	霊岩郡金井面
馬島二号船	長沙県	全羅北道高敞郡上下面
	古阜郡	井邑市古阜面
	茂松県	高敞郡星松面
馬島三号船	呂水県	全羅南道麗水市

（2）宛所

荷物の送り先としてみられるのは、ほとんどが個人名である。先述のとおり、文献に名の残る人物もおり、年代推定の根拠となっている。

まず、馬島一号船の「金純永」は、『高麗史』崔忠献伝の一一九九年（神宗二年）の記事によると、金俊琚が反乱を起こそうと

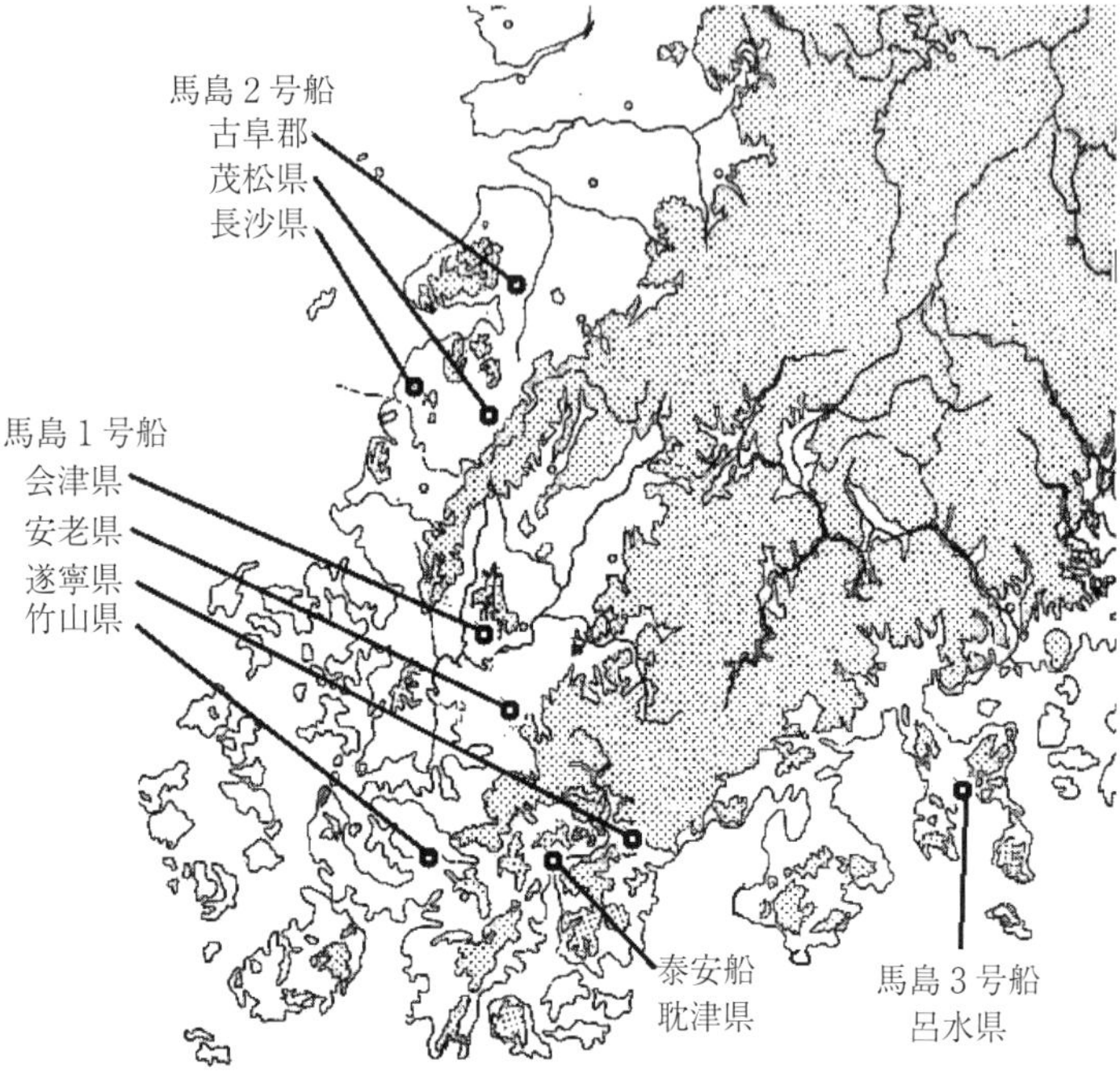

図3　木簡にみられる地名

した時に、その妻の父である金純永がこれを密告したとあるほか、同時代の墓誌にも、「将軍純永」という記載がある。次に、馬島二号船の「李克偦」は、『高麗史』高宗六年（一二一九）の記事に「樞密院副使の李克偦に中軍を率いさせて（中略）義州を討伐させた」、同七年（一二二〇）に「李克偦を平章事とする」という記事が残っている。そして、馬島三号船の「辛允和」は、『高麗史節要』元宗元年（一二六〇）に将軍としてみられ、「金令公」は、武臣政権末期の執権者として著名な金俊を指すと考えられる。

　なお、馬島三号船にのみ、官庁名が宛所として明記されているものがある。「右三番別抄」は、武臣執権期の中心的な軍事力でありモンゴルへの抵抗の中心となっていた三別抄の一つである。三別抄は、高麗王朝がモンゴルに降服した後も珍島、済州島に逃れて抵抗を続け、鎌倉幕府に援軍を求める使節を送ったことでも有名である。武臣政権末期の木簡にのみ官庁名がみられることから、制度的な変容を反映したものである可能性も考えられる。

（3）物品の種類

泰安船はすべて「砂器」すなわち青磁である。

馬島一～三号船の物品の種類は多様である。ほとんどが食品で、もっとも多いのは穀物である。米は精米具合によっていくつかの呼び方が使い分けられており、精米したものは「白米」、籾殻がついたものは「正租」、中程度に精米したものは「中米」と表記されている。米以外の雑穀として、ダイズを意味する「太」、種類は明確でないが「豆」、アワ「粟」、ソバを意味する「木麦」、オオムギを意味する「皮麦」などがみられる。

穀物を原料とした加工品も数多くみられる（図4・5）。

図4の「末醤」は、ダイズを潰してレンガ状にしてカビを付けた味噌玉麹（現代朝鮮語で메주（meju））を意味する。後述するように「石」単位で数えられていることから、俵に入れた状態で運ばれたと考えられる。

また、やはり発酵加工品として、「麹」もみられる。

図5の最後の部分は報告書では「□□□斤」と読まれているが、赤外線写真から「六十員印」と訂正し

図4　馬島一号船　一六号木簡

「別将権克平宅上末醤入
貳拾斗　長宋椿」

図5　馬島二号船　一九号木簡

「高敞県事審□宅上麹一裏入六十員印」

た。

「員」は「円（圓）」に通じると考えられる。朝鮮王朝実録をみると、麹を数える単位として「円」が使われている。朝鮮の麹は、平たい円盤状に固めた餅麹であるため、形状に因んだ数え方と考えられる。「裹」は、先述の通り数十個ずつ束ねた高麗青磁を数える単位としても使用されているので、麹六〇個を縄などで縛ったものを裹と呼んだのであろう。

魚介類やその加工品も数多くみられる。小エビ「小蝦」、サメ「沙魚」のほか、「乾蛟」は、後述するようにイガイを干したものであろう。

魚介類の加工品として、「魚油」があるが、具体的にどのような魚から作られたものか定かではない。また、塩辛を意味する「醢」がある。この文字は、統一新羅時代の慶州・雁鴨池木簡にも数多くみられる。具体的に木簡にみられる塩辛として、「生鮑醢」はアワビの塩辛、「蟹醢」はカニの塩辛である。「古道醢」の「古道」はサバのことである。「魚醢」は種類は不明であるが魚の塩辛、「卵醢」は魚卵の塩辛であろうか。

動物としては、「犭脯」がある。犭については後述するようにイノシシかと思われ、脯はその干し肉である。その他の食品として、胡麻油と考えられる「真」、上質の蜂蜜の「精蜜」がある。

食品以外には、「布」や竹竿と考えられる「檣」がある。

なお、これら物品の多くは、実際に沈没船から発掘されている。

（4）物品の容器

物品の量を表すために使用されているのは「石」と「缸」である。穀類は「石」、魚介類は「缸」で数えられるという使い分けがあり、何斗入りか明記されているのが特徴である。

まず、「石」について馬島二号船一号木簡からみていく。釈文は次のとおりである。

「校尉黄仁俊宅上長沙県田出太壹石各入拾伍斗」

傍線部分が、物品の種類と容量である。一見すると、「石」は、容積単位であるようにみえる。容積単位としての石は、中国や日本と同様に朝鮮半島においても使用されており、高麗時代は一石＝一五斗と定められていた。ところが、木簡では同じ「石」であっても、斗数には一五、一六、一八、二〇、二五斗などとばらつきがある。そのため、この「石」は、容積単位ではなく、物品をいれた容れ物の俵という意味で使用されていると考えられる。

一方、魚介類の多くは「缸」で数えられている。

○馬島一号船三七号木簡

「竹山縣在京校尉尹邦俊宅上蟹醢壱缸入四斗」

傍線部分は、「カニの塩辛一壺四斗入り」という意味となる。

三　高麗独自の文字文化

ここまで述べてきたように、荷札である高麗木簡に記されているのは地名・人名など固有名詞が多い。

物品や容器の名前は、漢字義そのままの意味で使用されているものがほとんどであるが、一部、朝鮮半島独自の漢字表記を使用しているものがみられる。

（1）借字表記

日本木簡ではイワシを「伊委之」「伊和志」と万葉仮名で表記するなどの例は珍しくないが、韓国木簡にこのような借字表記はあまりみられない。古代のものとしては、雁鴨池木簡の「加火魚」が、加を音でカ、火を訓でプル／ポルと読んで現代朝鮮語でエイを意味する「가오리（kaori）」を表記したと考えられる事例がある程度である。高麗木簡の借字表記としては、先に挙げたサバを意味する「古道」もその一例である。また、図6の「古乃只」も同様に考えられる。

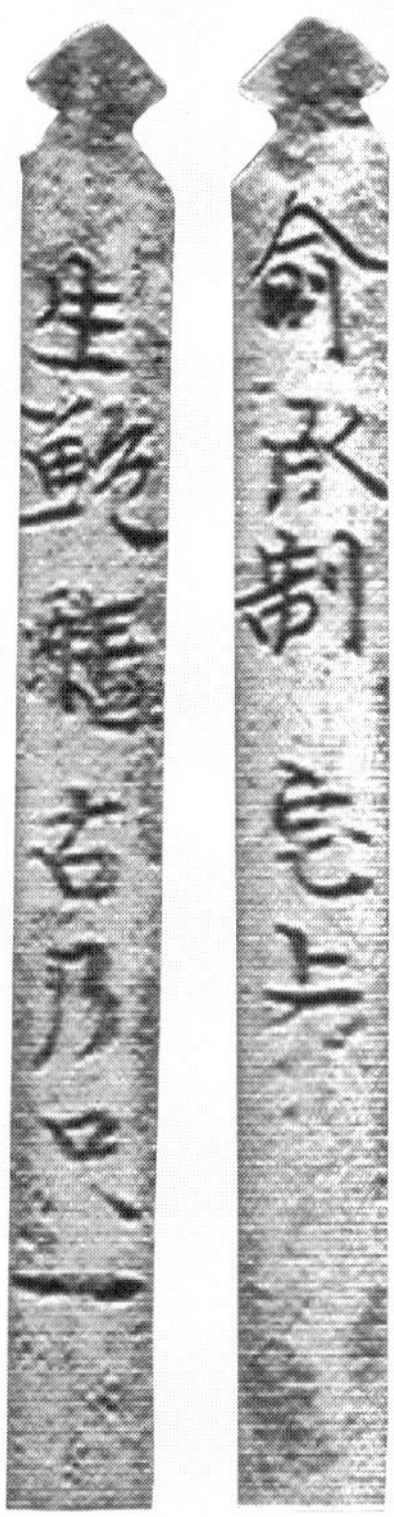

図6　馬島三号船　二四号竹札
表面「兪承制　宅上」
裏面「生鮑醢古乃只一」

「古乃只」は、物品名の次に記されているので、記載様式から容器であると考えられるが、漢字義としては意味をなさない。現代朝鮮語で口の広い容器のことを고내기（konegi）といい、これを借字表記したものと考えられる。

(2) 国字

中国にはもともと存在せず、漢字を受容した国で新たに漢字に倣って創作した文字を国字と呼ぶ。近年の研究によって、「鮑」（アワビ）、「畠」（ハタケ）、「籾」（モミ）など、従来日本の国字と考えられていたものが、古代朝鮮でも使用されていたという例がいくつか確認されている。高麗木簡にも、朝鮮半島で創られた国字がいくつか確認される。

①「蛟」

図7の「蛟」はイガイ（貽貝）ではないかと考えられる。もともと中国でイガイのことを「淡菜」と表記し、現代朝鮮語でもそれに基づくと思われる담치（tamchi）と呼ばれている。蛟のつくりの「炎」は、単独ではエンという音であるが、「淡」や「談」などではタンという音になるので、タンの音を表しているのであろう。

図7　馬島三号船　二七号木簡

表面「事審金令公主宅上」
裏面「蛟醢一缸入三斗玄礼」

②「犭」

次に獣偏のような「犭」という文字である。

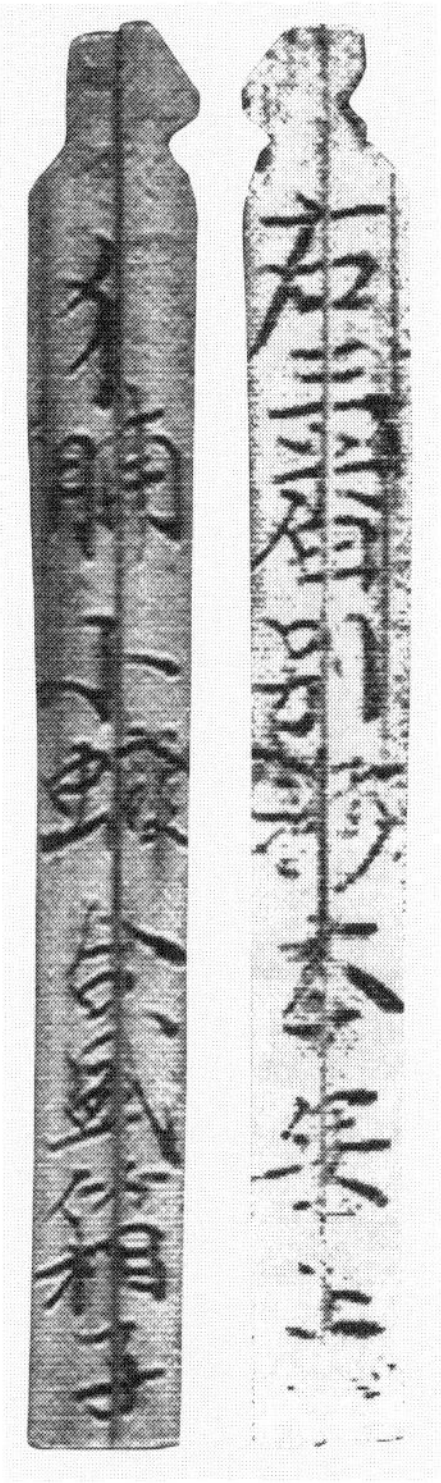

図8　馬島三号船　一九号竹札

表面「右三番別抄本□上」
裏面「犭脯小蝦合盛箱子」

この文字については、統一新羅時代の事例（図9）が知られている。

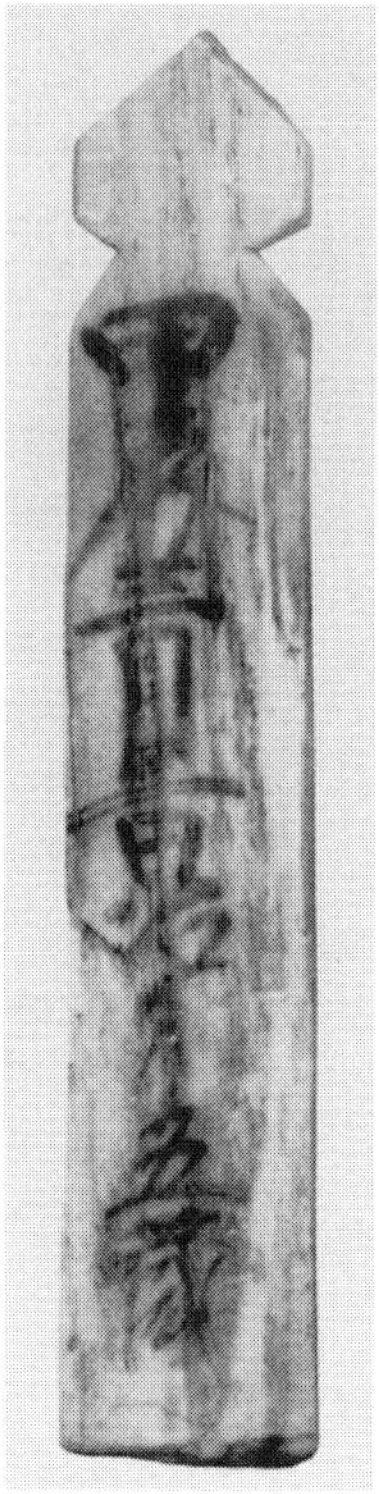

図9　慶州雁鴨池遺跡　一九四号木簡

「甲辰三月三日治犭五蔵」

このほかに次のような事例もみられる。

○慶州雁鴨池遺跡　二〇七号木簡

「□坪棒犭百廿二品上」

○正倉院所蔵佐波理加盤付属文書

「犭尾者上仕而汚去如」

「犭」が具体的に何を指すかについては、イヌという説もあるが、イノシシであると考えるのが適当と思われる。これまでは統一新羅時代の事例のみ知られていたが、高麗時代の十三世紀に至っても使用され続けていたことを示す。

（3）吏読

吏読とは、漢字による朝鮮語の表記を意味する。新羅時代からみられ、十五世紀にハングルが創られてからも使用されていた。木簡では、新羅木簡に一部この吏読で記されたと考えられるものがある。高麗木簡には、「印」と「次知」の二つをみることができる。

○泰安船　二号木簡

表面「□隊正仁守戸付沙器壱裹印」

裏面「次知載船長（手決）」

「印」は、文章の終わりを意味し、高麗時代や朝鮮時代の古文書にも広く見られる。「次知」もやはりよく使われる吏読であり、担当する、当番、主裁する、関与するなどの意味をもつ。すでに述べたように、ここでは船に載せることを担当した、という意味で使用されている。同時代の金文の用例をかかげる。

○内院寺金鼓（一〇九一年）

「大安七年辛未五月日棟梁僧貞妙次知造納内仁寺鈑子一口重二十斤印」

○屈石寺般子（一一八三年）

「大定二十三年癸卯四月　日東京北山屈石寺排入重七斤次知造前戸長李伯兪棟梁道人□□大匠義成」

いずれも「次知造」で「造ることを担当した」という意味で使われている。

本稿では、高麗沈没船木簡の概要について紹介した上で、朝鮮半島独自の漢字文化について略述した。文中でも指摘したように、これらの木簡は、高麗時代の社会像を大きく塗り替える可能性を秘めている。当該海域では、現在も沈没船の発掘が進められており、今後の調査に注目していきたい。

資料からみた日本列島と朝鮮半島のつながり

小倉　慈司

一　王仁による典籍の将来

本書の「はじめに」で述べたように、『日本書紀』や『古事記』には、応神天皇の代に百済より王仁《わに》が渡来して典籍がもたらされ、文字文化の本格的受容が始まったことが記されている。ここでは『古事記』を挙げてみよう。

百済の国主照古王が牡馬一匹と牝馬一匹を阿知吉師《あちきし》に付けて献上してきた。また横刀と大鏡も献上した。そこで百済国に、もし賢者がいれば送って欲しいと伝えたところ、和邇吉師《わにきし》がやってくることになった。『論語』一〇巻と『千字文』一巻のあわせて一一巻も和邇吉師（王仁）とともに贈られた。『日本書紀』と『古事記』では若干、内容に違いがあり、『日本書紀』では阿花王《あけ》の時代、『古事記』では照古王の時代とされる。阿花王であれば、四〇〇年前後の時期に在位していた阿莘王《あしん》（阿芳王）に相当し、照古王であれば四世紀半ばから後半にかけて在位していた近肖古王に相当すると考えられている。これらはそもそも伝承であって史実ではないのだが、百済から倭王に贈られた石上《いそのかみ》神宮の七支刀に記されている「泰和四年」が三六九年と考えられること、また五世紀後半になると、千葉県市原市稲荷台一号墳・埼玉県行田市稲荷山古墳・熊本県玉名郡和水《なごみ》町江田船山古墳等、列島内で銘文を記した刀剣が出土していることなども踏まえれば、四世紀後半から五世紀初頭にかけての時期に百済から本格的な文字文化が伝来したと見てよいであろう。

それ以降も、朝鮮半島と日本列島とは深いつながりを有しつつ互いの道を歩んできた。ここではそれらを物語る具体的な資料をとりあげつつ、両地域間の交流の歩みをたどってみたい。

二　百済よりもたらされた「竜編」とは

四世紀後半ないし五世紀初頭の時期に百済からもたらされた書籍について、『古事記』には「論語」「千《せん》字文《じもん》」と記されている。

「論語」は孔子の言行録であり、「千字文」とは中国南朝梁の武帝が六世紀前半に周興嗣《しゅうこうし》に作らせた漢字学習書で、異なった漢字一〇〇〇字を用いて作られた韻文である。想定される伝承の時期と異なるので、実際に『千字文』が伝えられたわけではなく、漢字入門書が伝来した（と想定される）ことによる後世の脚色であろう。『千字文』以前の漢字学習書としては、前漢の司馬相如作『凡将篇』や史游作『急就篇』、秦の李斯作『蒼頡篇《そうけつへん》』などを想定する説があり、また周興嗣作の『千字文』とは別の『千字文』があったとする説もある（大島庄二『漢字伝来』岩波新書　二〇〇六年、等参照）。

さて、このときに伝えられた書籍はどのような形をしたものであったと考えられるであろうか。現在、私たちが書物を利用する際の一般的形態である冊子の形は、東アジアでは八世紀頃に始まると考えられている。それ以前は巻子本（巻物）の形をとるのが普通であった。王仁がもたらした典籍も巻子本であったのであろうか。四世紀後半の時期には中国では既に紙が主要な書写材料として普及していたのであるから、そう考えるのが自然であるようにも思える。しかし日本列島への漢字文化が百済を経由してもたらされたものであるということを踏まえるならば、百済における紙の使用状況を検討する必要があるであろう。

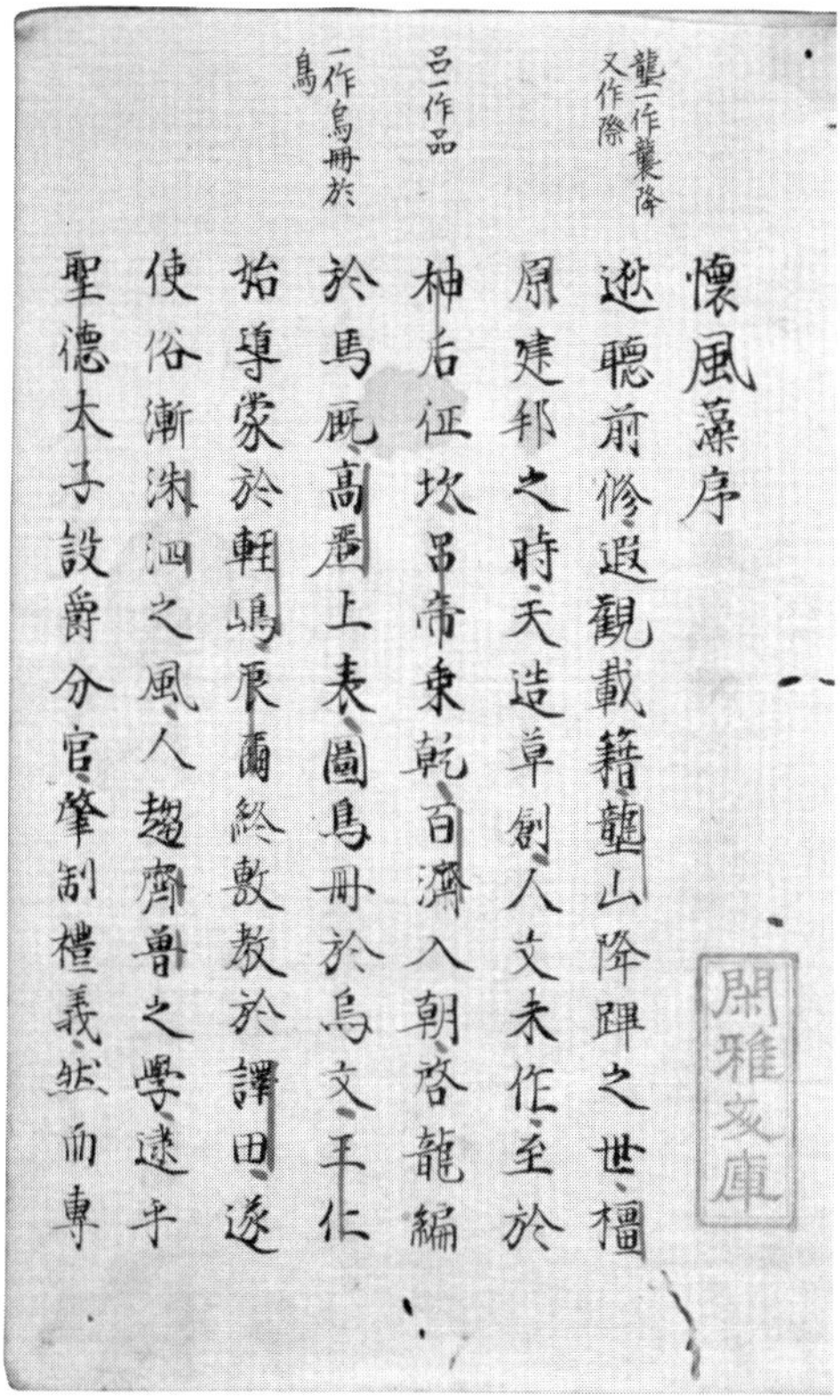
懐風藻序
逖聽前修遐觀載籍襲山降蹕之世橿
原建邦之時天造草創人文未作至於
神后征坎品帝乘乾百濟入朝啓龍編
於馬厩高麗上表圖烏冊於鳥文王仁
始導蒙於軽嶋辰爾終敷教於譯田遂
使俗漸洙泗之風人趨齊魯之學逮乎
聖德太子設爵分官肇制禮義然而專

図１　『懐風藻』序

残念ながら百済も含めた四世紀段階の朝鮮半島で、どの程度紙が用いられていたは、現在のところ明らかではない。そこで別の観点からこの問題を考えてみたい。

八世紀後半（序文によれば、天平勝宝三年〈七五一〉）に日本で最

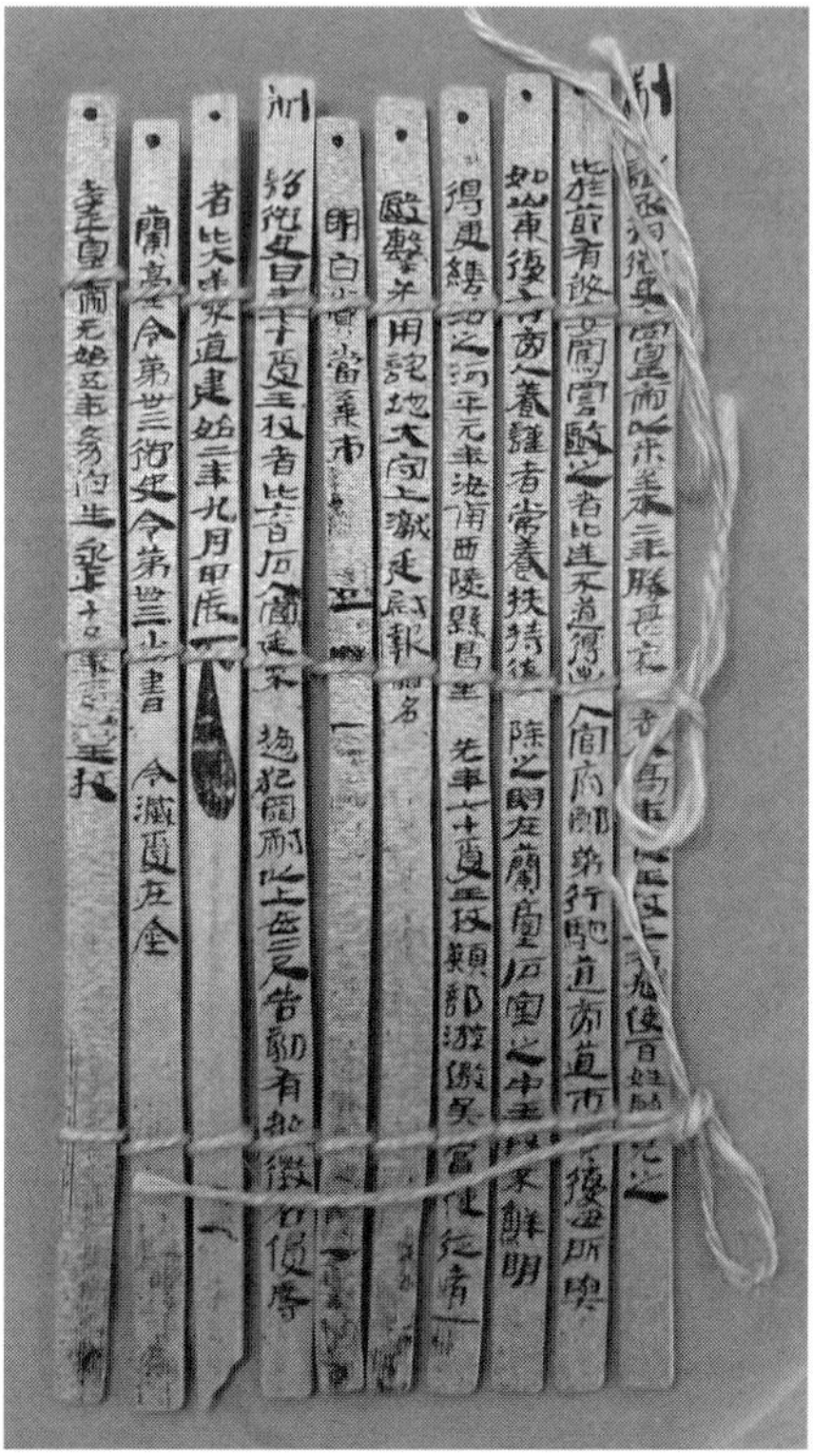

図2　冊書の復元模型

初に編纂された漢詩集『懐風藻』の序文（図1）には、冒頭に以下のようなことが記されている（原漢文）。

逖《はる》かに前修《ぜんしゅう》を聴き、遐《とお》く載籍《さいせき》を観るに、襲山降蹕の世、橿原建邦の時、天造草創、人文未だ作らず。神后坎《かん》を征し、品帝乾に乗ずるに至りて、百済入朝して竜編を馬厩に啓《ひら》き、高麗上表して烏冊を鳥文に図《えが》く。王仁始めて蒙を軽島に導き、辰爾《じんに》終《つい》に教えを訳田《おさだ》に敷く。遂に俗をして洙泗《しゅし》の風に漸《すす》め、人をして斉魯《せいろ》の学に趨《おもむ》かしむ。

現代語訳　はるか昔の先賢のことばを聞き、遠い昔の書物を見ると、高千穂の峰に天孫が降臨し、神武天皇が橿原に建国したころには、まだ国土が創成されたばかりで、文化や制度は作られていなかった。神功皇后が征討し、応神天皇が即位するに及んで、百済が入朝して馬小屋に「竜編」を開くようになり、高句麗が国書を送って「烏冊」に文字を記してきた。王仁が軽島（応神天皇の宮）において知識を与え、王辰爾が訳田（敏達天皇の宮）で教えを広めた。それによって人々が孔子の教え、すなわち儒学を学ぶようになったのである。

日本への学問伝来の歴史が語られているが、そのなかで応神天皇の代の王仁の渡来が語られている。それによれば、百済より馬小屋に「竜編」が開かれ、王仁が知識を広めたという。これはもちろん『日本書紀』『古事記』の伝承を踏まえて記されたものである（ちなみに高句麗の上表とは、『日本書紀』敏達天皇元年五月条に語られる高句麗の国書が「烏羽」に墨で書かれていたこともあって判読が難しく、王辰爾が解読したという伝承である）が、ここで興味深いのは、王仁がもたらした典籍が「竜編」と表現されていることである。この「竜編」は木簡もしくは竹簡を紐で結んで束ねた冊書（図2参照）の比喩として用いられた表現と見てよいと思われる。すなわち、あくまでも『懐風藻』編者（淡海三船がその候補者として挙げられている）の想像なのであろうが、編者の意識としては、阿直伎や王仁がもたらした経書が冊書であってもおかしくはなかったのである。典籍と同時に紙が伝来した可能性ももちろん考えられるが、たとえそうであったとしても、すぐに日本列島内で製紙がなされるようになったわけではあるまい。少なくとも日本列島に典籍が伝来したばかりの段階では、冊書も併用されていたと考えるのが自然であろう。

三　百済から伝来した宮中の霊剣

百済より伝わった刀といえば、石上神宮の七支刀が有名である。これは刀身の左右に三本ずつ交互に小枝が造り出された長さ約六五センチほどの刀で、同社の宝庫に収められて伝来したものであるという。刀身には金象嵌の文字が刻まれており、太和四年（三六九）に百済王が倭王のために造り、贈ったものと考えられている。しかし現存しないものの、これ以外にも古代の宮中には百済から伝来した刀剣が伝わっていた。それは大刀契《だいとけい》のなかの護身の剣と破敵の剣である。大刀契とは三種の神器とは別に皇位継承の際に新帝に奉献される大刀と契（兵を動かす際の割符や関契）であるが、護身の剣は日月護身の剣とも呼ばれ、疾病邪気を祓う役割があり、刃渡りが約六九センチ、全長約八七センチで、剣の左には日・南斗六星・朱雀・青竜が描かれ、右には月・北斗七星・玄武・白虎が描かれていた。さらに峰には「歳在庚申正月、百済所造、三七練刀、南斗北斗、左青竜右白虎、前朱雀後玄武、避深不祥、百福会就、年齢延長、万歳無極、」との銘があった。破敵の剣は三公戦闘の剣（三公闘戦之剣）、将軍の剣とも言われ、長さ約七六・五センチ、全長約九三センチで、剣の左に三星五帝・南斗六星・青竜・西王母兵刃符、右に北極五星・北斗七星・白虎・老子破敵符が描かれていた。この二つの剣は、数ある大刀のなかでも「霊剣」として特別視されていた。護身の剣は文字通り天皇の身を守るため御所に置かれ、破敵の剣は征討に派遣される大将軍に節刀として授けられたりしたという（以上、十三世紀成立の辞書『塵袋』や藤原宗忠の日記『中右記』寛治八年（一〇九四）十一月二日条、鎌倉時代の天皇順徳天皇が記した故実書『禁秘抄』（図3）、国立歴史民俗博物館蔵『大刀節刀契等事』等の記述による）。

さて、この二つの霊剣はいつ作られ、いつ百済よりもたらされたのであろうか。まず製作の時期については、東野治之が四～五世紀代のトルファン出土随葬衣物疏（副葬品リスト）の付加文言に「時見左青竜右白虎、前朱雀後玄武」といった呪的文言が見えることなどをもって、一応、四～五世紀頃と考えられ、護身剣の銘文に見える「歳庚申」については三六〇年、四二〇年、四八〇年あたりと考えてよいのではないかと述べている（「護身剣銘文考」『日本古代木簡の研究』塙書房、一九八三年）。

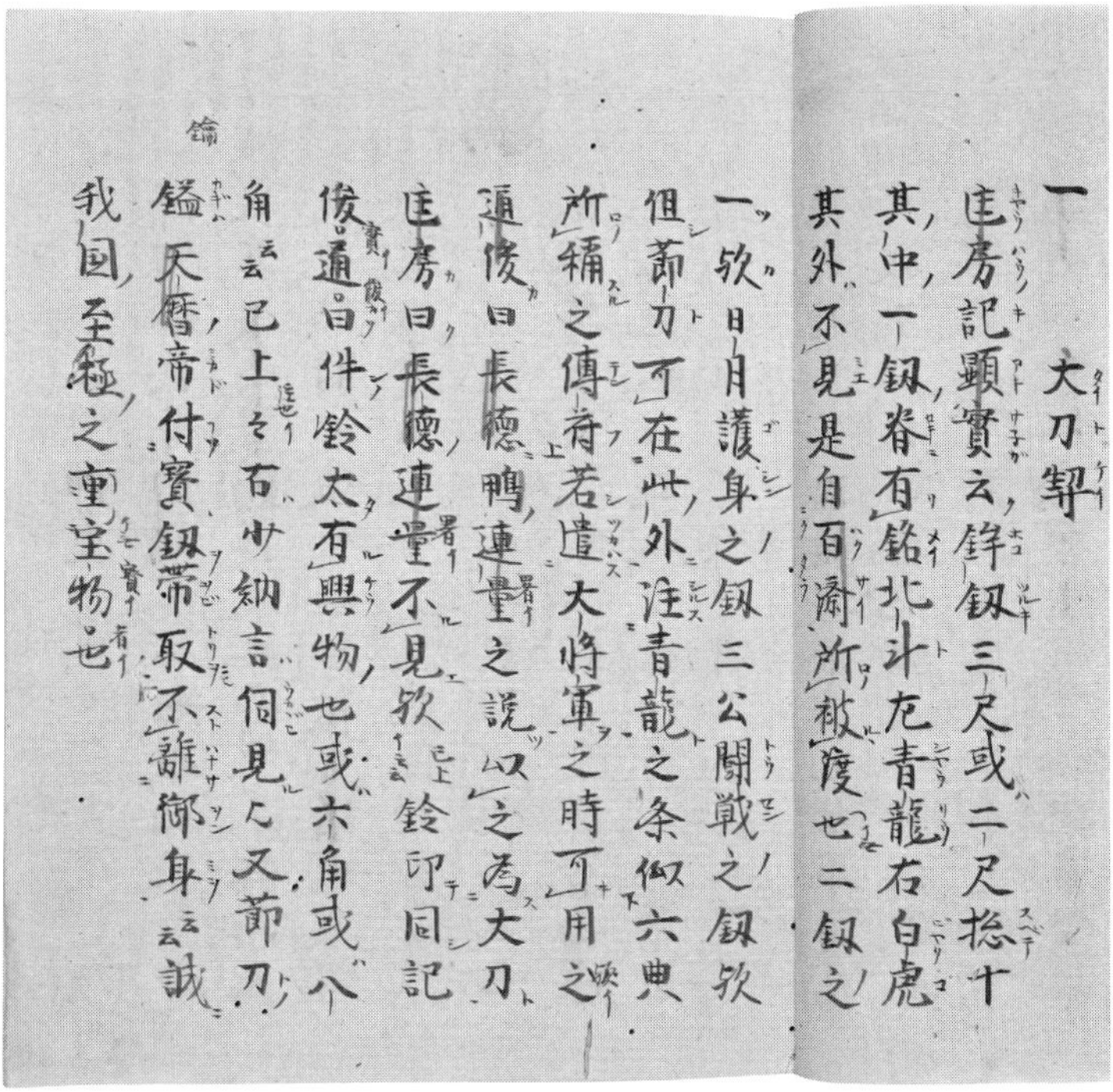

一 大刀契
注房記顕賓云、鋒剱三尺或二尺、捴十
其中一剱脊有銘、北斗左青龍右白虎
其外不見、是自百濟所献度也、二剱之
一、歟日月護身之剱三公闘戦之剱歟
但節刀可在此外注青龍之条似六典
所稱之傳符若遣大将軍之時可用之
通俊曰長徳鴨連量之説以之為大刀
注房曰長徳連量不見歟 已上 鈴印同記
俊通曰件鈴太有興物也或六角或八
角云云已上 右少納言伺見之又節刀
錀 鎰天暦帝付寳剱帯取不離御身云云誠
我国至秘之重宝物也

図3 『禁秘抄』大刀契条

次に百済から日本列島にもたらされたのはいつのことと考えられるであろうか。この点についてはこれまでにいくつかの説が出されている。

①四・五世紀頃。

②七世紀後半の百済国の滅亡時ないしその直前。

③八世紀末の桓武天皇の時期(外戚の百済王氏より献上された)。

①については確固たる根拠があるわけではないので、まず②から見ていこう。百済は六六〇年に唐に攻められ滅亡する。そこで、この百済の滅亡によって百済王位を象徴する宝剣が亡命した百済王族より天皇に献上されたとする考え

方、あるいは唐の侵攻直前に百済王より贈られたとする考え方である。ちなみに六六〇年は庚申年でもある。③は、霊剣に関する所伝が十世紀より前には確認できないこと、延暦二十五年（八〇六）三月の桓武天皇崩御、平城天皇践祚時に「剣櫃」が新天皇に渡されており、これが大刀契と考えられるが、それ以前にはそのような記録が見られないことなどを根拠としている。

この点については、天皇のもとに霊剣が渡った時期と、霊剣が大刀契として扱われるようになった時期とを区別して考えるべきであろう。史料的には大刀契としての扱いを受けるようになった時期は平城天皇践祚時までしかさかのぼれず、したがって平城天皇が践祚する以前、桓武天皇の時期には既に霊剣としての扱いを受けるようになっていたということまでしか言えない。

しかしだからと言って百済王氏から桓武天皇に献上されたと考えることも難しい。諸伝承はすべて「百済（国）」から渡ったもしくは献上されたと伝えているのであり、百済王氏から献上されたと伝えるものは一つもないのである。また護身剣の銘文に「百済造るところ」と百済が主体として明記されていることから見れば、百済王位を象徴する宝剣ではあり得ず、当初より百済が誰かに贈るために作られた剣ということになるであろう（石上英一「古代国家と対外関係」『講座日本歴史』二、東京大学出版会、一九八四年）。

以上によれば、やはり剣が製作されてまもなく、百済以外の国の王に贈られたものと考えるのが妥当であろう。それが天皇（大王）であったかどうかは定かでないが、当初からかあるいは桓武天皇以前のどこかの段階で宮中に伝来することになり、やがて霊剣としての扱いを受けることになったと考えられる。これにつき、古くから大王家に受け継がれたり、七世紀後半に献上されたりしたとしても、壬申の乱により紛失してしまった可能性が高いのではないかという田島公の指摘がある（「「氏爵」の成立」『史林』七一―一、一九八八年）。この指摘を参考にして史料を見渡せば、『日本書紀』天武天皇三年（六七四）八月庚辰条に、石上神宮の神宝を磨かせたことや、もともと諸家の神府に貯蔵していた宝物をその子孫に還すことにしたこと、朱鳥元年（六八六）六月戊寅条には天武天皇の病を占ったところ、宮中に置かれた草薙剣の祟りであるとして即日熱田社に送られることになったことなどの記事が見えることが注目される。また『日本後紀』延暦二十三年（八〇四）二月庚戌条・翌二十四年二月庚戌条にも石上神宮の神宝を運び出したところ天皇が病気になるなどしたため、もとに戻したことが記されている。このように、天武天皇や桓武天皇の代には諸氏や諸社の宝物を天皇のもとに集めることが行われていた（天智天皇の代にも神剣が朝廷に献上されることがあった）。そうした過程を経て霊剣が天皇のもとに集まり、大刀契として代々の天皇に受け継がれることになったと考えられる。百済伝来所伝の剣としては、他に法隆寺金堂四天王持国天像の持物であった七星剣がある。銅刀で刀身には雲や七星・日・月の形、剣先様の模様が描かれている。鎌倉時代に成立した厩戸皇子（聖徳太子）の伝記である『古今目録抄』およびその裏書によれば、これは欽明天皇の代に百済よりもたらされもので、欽明皇子である敏達天皇より厩戸皇子に七歳以前のお守りとして与えられたものであるという。

なお、二種の霊剣のうち、節刀として用いられた破敵剣については、日本の遣唐使が百済伝来の刀を持って唐に行くことがあり得るのか、百済は唐・新羅との戦いに敗れて滅んだ国であり、戦勝を義務づけられた将軍の威信財としてふさわしいのか、節刀の規定を設けたのは大宝律令であるが、その段階で軍事および外交において百済の権威を借りる必要があったのか、『令集解』の諸説においても百済伝来のことは言われていない、等の疑問があるとして、百済伝来を疑う説がある。しかし破敵剣が唯一の節刀であったと考える必要はなく（複数存在した節刀のうちの一つが破敵剣であった）、また八世紀初頭より破敵剣が節刀とされていたかどうかも不明である。破敵剣が（ある段階で）節刀とされたのは、霊剣であったからであって、百済伝来の所伝とは無関係であろう。結局のところ、破敵剣が百済伝来であったことを充分に裏づける論拠はないものの、あえて百済伝来説を偽作しなければならないだけの理由も見出せず、現時点では、伝来過程における誤認と考えない限り、百済伝来を否定する必要もないと考えられる。

護身剣・破敵剣の二つの霊剣は、平安時代、たびたびの内裏火災によって焼損し、やがて紛失したと伝えられる。

四　新羅の石碑と日本の石碑

日本で最初に作られたとされる石碑は、伊予道後温湯碑である。これは現存するものではなく、鎌倉時代の『日本書紀』注釈書である『釈日本紀』に引用される「伊予国風土記」（逸書）に掲載されるもので、上宮聖徳皇（厩戸皇子）が湯岡（いわゆる道後温泉の地）の側らに建てたという碑であり、それによれば法興六年十月に厩戸皇子が高句麗僧恵慈・葛城臣とともにこの地を訪れた際に建てたものであるという。「法興」とは法隆寺関係の史料に見える年号で、崇峻天皇四年（五九一）を元年としたものらしい。ただしこの碑は奈良時代に作られたであろう『風土記』に掲載されたものであり、実際に六世紀末に作られたものかどうかは不明である。

その次に古い石碑として考えられているのは道登が宇治橋を架けたことを記す宇治川断碑（京都府宇治市所在）で、書風や用いられている尺度等より七世紀後半頃に建てられたものと考えられているが、正確な建碑時期は定かでない。大化二年（六四六）に架橋したと伝えられる道登の顕彰碑とみられ、仮に宇治橋再架橋時のものと想像すれば、六七〇年代ではないかとも思われる。

建碑の年がわかる確実な石碑としては、天武天皇十年（六八一）に建てられた山上碑（群馬県高崎市所在）が最古となる。これは黒売刀自の子供である長利僧が母の追善のために「辛巳歳集月三日」に建てた碑とみられる。これ以降、古代の石碑がこれまでに二〇点弱伝存、発見されているが、必ずしも各地に万遍なくという状況ではなく、畿内を除けば群馬県に石塔も含め四件、熊本県宇城《うき》市に四件ほか、宮城県・栃木県・滋賀県・徳島県に各一件と偏在している。そしてそれらの石碑には、渡来系文化の影響がうかがえる事例が多々見られる。

図４　山上碑　複製

先に言及した山上碑について言えば、「集月」という標

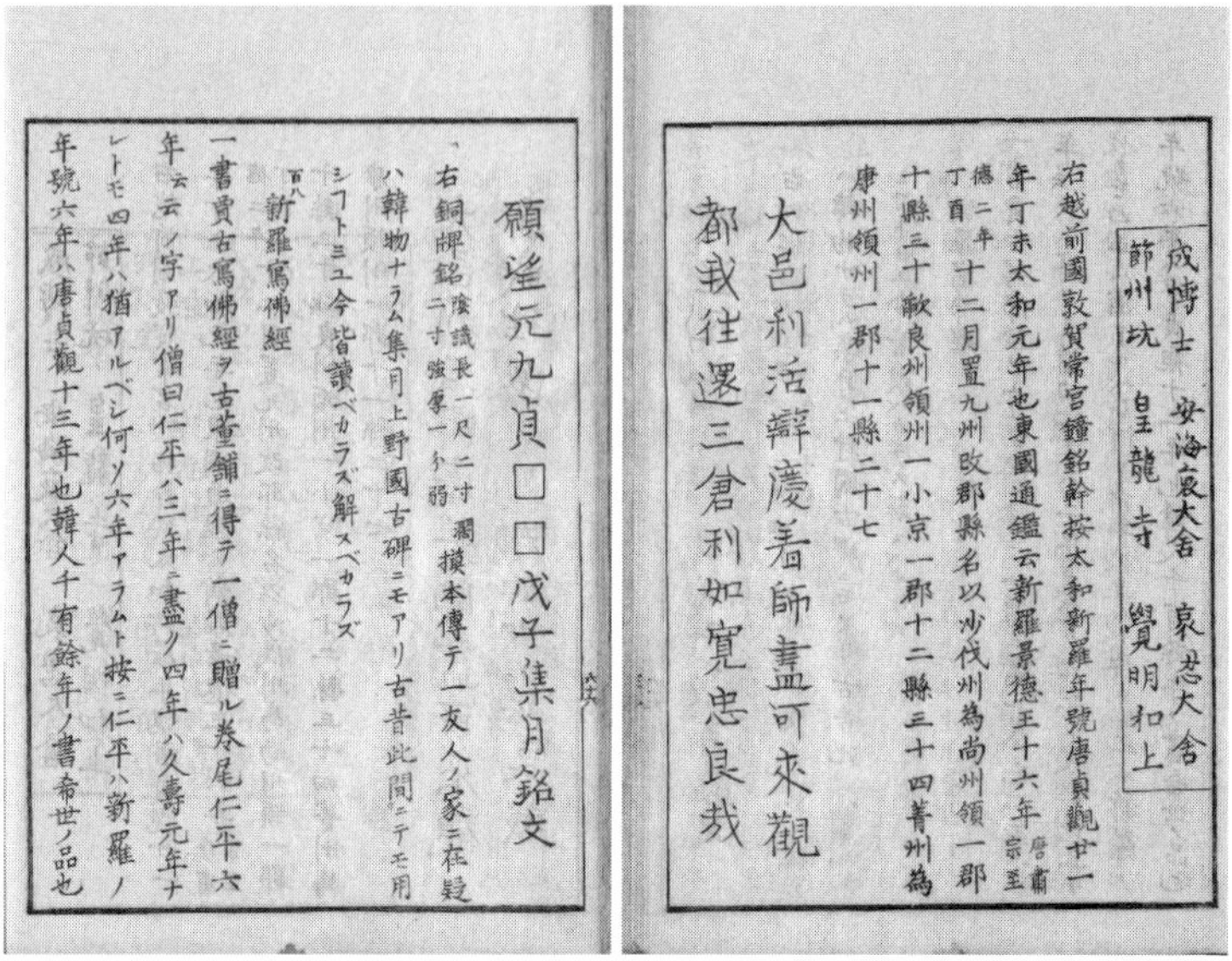
成博士　安海哀大舍　泉志大舍
節州坑　皇龍寺　覺明和上
右越前國敦賀常宮鐘銘幹按太和新羅年號唐貞觀廿一
年丁未太和元年也東國通鑑云新羅景徳王十六年唐粛宗至徳二年
丁酉十二月置九州改郡縣名以沙伐州為尚州領一郡
十縣三十歃良州領州一小京一郡十二縣三十四菁州為
康州領州一郡十一縣二十七
大邑利活辯慶着師盡可來觀
都我往還三倉利如寛忠良哉

頑瑩元九貞□□戊子集月銘文
一右銅牌銘 陰識長一尺二寸闊二寸強厚一分弱 摸本傳テ一友人ノ家ニ在疑
ハ韓物ナラム集月上野國古碑ニモアリ古昔此間ニテモ用
シコトミユ今皆讀ベカラズ解スベカラズ
一新羅寫佛經
一書賈古寫佛經ヲ古董舗ニ得テ一僧ニ贈ル巻尾仁平六
年云云ノ字アリ僧曰仁平ハ三年ニ盡ク四年ハ久壽元年ナ
レトモ四年ハ猶アルベシ何ゾ六年アラムト按ニ仁平ハ新羅ノ
年號六年ハ唐貞觀十三年也韓人千有餘年ノ書希世ノ品也

図５　藤貞幹『好古日録』

記が挙げられる。これについては現在のところ、集の音が「十」に通じ、また「十」を「拾」と表記することがあるが、これも「集」に通じるとして、「十月」の意と考える説が有力である。そしてこの「集月」については早くより「韓語」ではないかと考える説があるのである。

江戸時代の考証学者藤貞幹はその著作『好古小録』（寛政七年（一七九五）刊）のなかで山上碑について触れ、「集月」は「韓語」ではないかとし、その二年後に刊行した『好古日録』においてその根拠となる集月古銅牌を紹介した（図５）。もっとも貞幹はこの銅牌を実見したわけではなく、また現存も確認されていないため、「集月」を「韓語」を推測することが正しいかどうかはわからない。

ちなみに藤貞幹は、日本列島の文化の源流に朝鮮半島の文化があることに着目して『衝口発』（「黙っていられない」との意）という書物を刊行したが、本居宣長はそれを批判して『鉗狂人』（「狂人に首かせをつけよ」との意）を著している。これに対し『雨月物語』の作者として知られる上田秋成が宣長を批判し、国学の世界で一大論争が起こってもいる。

栃木県大田原市に所在する那須国造碑は、その地で評（郡の前身）の役人であった那須国造那須直韋提が庚子年（七〇〇）に没した後、その地位を継承した意斯麻呂が中心となって建てた記念碑であり、江戸時代に発見されてまもなく徳川光圀が調査を行ったことでも知られる。この那須国造碑は、まず方柱状の碑石の上に笠石を載せるという形状が、新羅石碑の影響を受けたものであることが指摘されており、内容からも「永昌元年（六八九）」という唐の年号が使用されていて、それは新羅系渡来人からの情報提供によるものと考えられている。那須国造碑が建てられた下野国をはじめ、東国ではしばしば倭・日本に渡ってきた新羅人の入植が進められてもいる。

図6　那須国造碑　複製

朝鮮半島においては中国集安市に所在する高句麗の広開土王碑が有名であり、近年、それに関連するとみられる新たな石碑も発見されている。百済と新羅では、石碑のあり方に大きな違いがある（馬場基「書写技術の伝播と日本文字文化の基層」

図７　南山新城碑第１碑拓本

新羅の都慶州の南山に山城を築いた際の築城工事碑。
これまでに合計 10 碑が発見されている。

表1　日本の古代石碑一覧

碑名	年紀	西暦	所在地
伊予道後温湯碑	法興6年	596年	(現存せず)
宇治橋断碑	大化2年以降	646年以降	京都府宇治市
藤原鎌足墓碑		669年頃	(現存せず)
山上碑	辛巳歳（天武10）	681年	群馬県高崎市
采女氏塋域碑	己丑年（持統3）	689年	(大阪府南河内郡太子町、現所在不明)
那須国造碑	庚子年以降	700年以降	栃木県大田原市
多胡碑	和銅4年	711年	群馬県高崎市
超明寺碑	養老元年（霊亀3）	717年	滋賀県大津市
元明天皇陵碑	養老5年	721年	奈良県奈良市
阿波国造碑	養老7年	723年	徳島県名西郡石井町
金井沢碑	神亀3年	726年	群馬県高崎市
竹野王層塔	天平勝宝3年	751年	奈良県高市郡明日香村
薬師寺仏足石	天平勝宝5年	753年	奈良県奈良市
仏足跡歌碑	天平勝宝5年？	753年？	奈良県奈良市
多賀城碑	天平宝字6年	762年	宮城県多賀城市
南天竺婆羅門僧正碑	神護景雲4年	770年	(現存せず)
大安寺碑	宝亀6年	775年	(現存せず)
宇智川磨崖碑	宝亀9年	778年	奈良県五条市
浄水寺南大門碑	延暦9年	790年	熊本県宇城市
山上多重塔	延暦20年	801年	群馬県桐生市
浄水寺灯籠竿石	延暦20年	801年	熊本県宇城市
日光二荒山碑	弘仁5年	814年	(現存せず)
益田池碑	天長2年	825年	(現存せず)
浄水寺寺領碑	天長3年	826年	熊本県宇城市
浄水寺如法経碑	康平7年	1064年	熊本県宇城市

表2　朝鮮半島の古代石碑一覧（8世紀以前）

碑　　名	年　　代	発見場所
楽浪郡秥蟬県神祠碑	85年？	平安南道温泉郡
広開土王碑	414年	中国吉林省集安市
集安麻線高句麗碑	427年	中国吉林省集安市
中原高句麗碑	5世紀前半	忠清北道忠州市
浦項・中城里碑	501年	慶尚北道浦項市
迎日・冷水里碑	503年	慶尚北道迎日郡
蔚珍・鳳坪碑	524年	慶尚北道蔚珍郡
蔚州・川前里書石	525年、539年追銘等	慶尚南道蔚州郡
陜川・梅岸里碑	531年？	慶尚南道陜川郡
永川・菁堤碑	536年、798年	慶尚北道永川市
蔚珍・聖留窟石刻	543年？	慶尚北道蔚珍郡
丹陽・赤城碑	550年頃	忠清北道丹陽郡
明活山城碑	551年	慶尚北道慶州市
雁鴨池出土明活山城碑	551年？	慶尚北道慶州市
壬申誓記石	552年（612年説もあり）	慶尚北道慶州市
北漢山碑	6世紀中頃	ソウル特別市
昌寧碑	561年	慶尚南道昌寧郡
長安城壁石刻	566年、569年、589年	平壌市
磨雲嶺碑	568年	咸鏡南道利原郡
黄草嶺碑	568年	咸鏡南道咸州郡
坡州・紺岳山碑	6世紀後半	京畿道坡州市
大邱・塢作碑	578年？	大邱市
南山新城碑　第1碑～第10碑	591年	慶尚北道慶州市
慶山・林堂古碑	6世紀頃	慶尚北道慶山市
砂宅智積碑	654年	忠清南道扶余郡
唐平済碑銘	660年	忠清南道扶余郡
武烈王陵碑片	661年頃	慶尚北道慶州市
劉仁願紀功碑	663年	忠清南道扶余郡
文武王陵碑	681年頃	慶尚北道慶州市
天寿山寺蹟碑	686年頃	忠清北道清州市
四天王寺碑片	692年	慶尚北道慶州市
関門城石刻	7世紀後半？	慶尚北道慶州市
金仁問碑	701年	慶尚北道慶州市
聖徳王陵碑片	737年頃	慶尚北道慶州市
霊岩・鳩林里石碑	786年	全羅南道霊岩郡
開寧・葛項寺東石塔	798年	慶尚北道金陵郡
四天王寺事蹟碑片	8世紀？	慶尚北道慶州市

角谷常子編『東アジア木簡学のために』汲古書院、二〇一四年）。これまで百済時代の石碑は六五四年のものと見られる砂宅智積碑以外にはほとんど発見されていないのに対し、新羅においては現在のところ五〇一年に建てられたと考えられる浦項・中城里碑をはじめとして三〇点以上の石碑が発見されている。この浦項・中城里碑が二〇〇九年に工事現場で発見されたものであるように、韓国では一九七〇年代末以降、数年おきに新たな石碑が発見されており、今後もさらに増加する可能性が高い。新羅石碑は形状面だけでなく新羅の言語・社会文化の資料としても大変貴重なものであるが、ここでは省略に従う。

日本列島への漢字文化の本格的導入が百済を通じて行われたことからも知られるように、高句麗・百済・新羅の三国のなかで、倭国は百済との関係が最も深かったが、六世紀以降、新羅が国力を高めていくなかで、新羅との交流も次第に深まっていく。特に七世紀後半の百済滅亡後は、新羅を通じて国際情報の入手が積極的に行われた。日本列島内で石碑が建てられるようになるのも、まさにその時期である。石碑だけでなく、石塔や石仏など石に文字や図像を刻む文化も、おそらくは新羅文化の影響を受けたものであろう。九世紀以降、日本の石碑文化は徐々に廃れていく。再び石碑の製作が活発化するのは中世に入ってからのことであった。

四　平安貴族が用いた高麗の紙

大宝二年（七〇二）の遣唐使以降、中国文化の直接摂取が始まる。それによって日本の漢字文化に与える朝鮮半島の比重は以前に比べ弱まったが、かといって皆無になったわけではない。新羅仏教が八世紀の

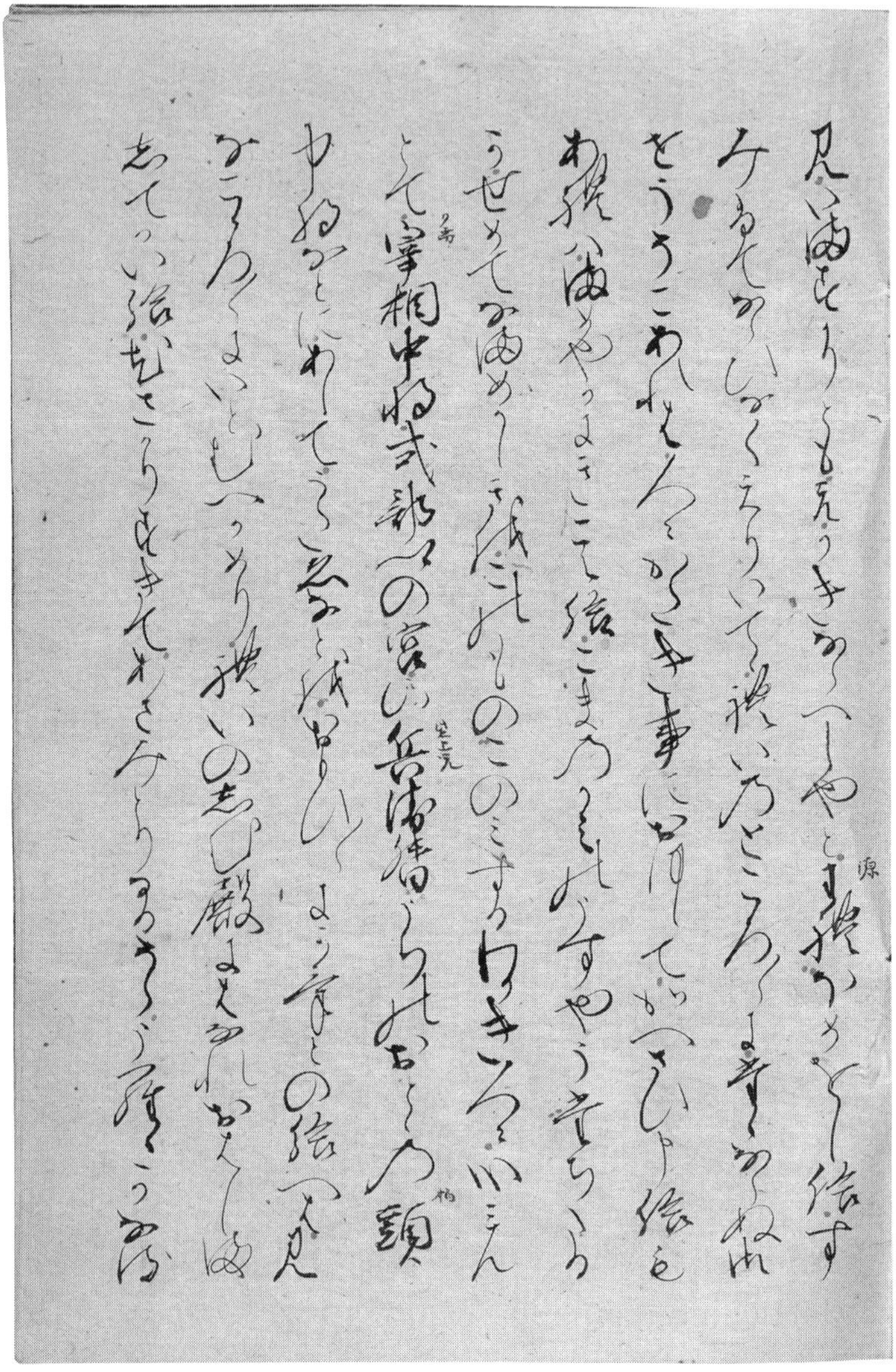

図８　『源氏物語』梅枝

日本仏教に与えた影響は大変大きく、新羅の高僧元暁《がんきょう》は仏教界のみならず日本の文化人にとっても忘れられない存在であった（国立歴史民俗博物館展示図録『文字がつなぐ―古代の日本列島と朝鮮半島―』等参照）。正倉院宝物のなかにも新羅との交易によってもたらされた物品が多く含まれていることが明らかになっているし、九世紀の東アジア交易において新羅商人が果たした役割は高く評価されねばならないであろう。

以上のように、朝鮮半島との文字文化交流を物語る資料には事欠かないが、紙数にも限りがあるので、ここでは平安貴族文化に与えた朝鮮半島文字文化の影響の一こまを紹介することにしたい。

平安時代の日本文学を代表する物語として『源氏物語』がある。これはもちろん紫式部による創作であるが、そこには当時の宮中の様子が豊かに描き出されている。

全五四帖のうちの三二番目梅枝《うめかえ》巻では光源氏の一人娘（母は明石の君）である明石の姫君の着裳（女子の成年儀礼）、そして東宮（皇太子）への輿入れの準備の様子が描かれる。婚礼調度の一つとして準備される草子の書写を諸方面に依頼するために、光源氏は最高級の墨や筆、そして紙を選んだ。そして「高麗《こま》の紙の薄様《うすよう》だちたるが、せめてなまめかしき」（図8四行めより五行めにかけて）として、息子の宰相中将（夕霧）や紫上の父式部卿宮の子息である兵衛督、内大臣の子息である頭中将（柏木）ら青年貴族に、葦手（水草など絵の中に文字を描き込んだもの）や歌絵を思い思いに描くよう命じる。朝鮮半島の薄くて優美な紙を渡したということであろう。

同じ巻のなかでは「唐の紙」と「高麗の紙」「ここの紙屋の色紙」とがそれに記された書体とともに対比的に記されている。それによれば、「唐の紙」はこわばっている堅い紙であり、やや硬めで一字一字の独立性の高い草書体を記すのがふさわしかった。これに対し「高麗の紙」はきめが細かくやわらかな雰囲気で、色は派手ではなく優美な感があり、おっとりした連綿体の仮名を整えて心を配って記してあるのが、たとえようもなくすばらしいという。さらに「ここ（日本）の紙屋の色紙」（紙屋は朝廷内の造紙所）は色合いが華やかで、自由闊達な草書体を筆にまかせて乱れ書いたのが、見どころ限りないという。なお、『源氏物語』の明石巻では「高麗の胡桃色の紙」も登場する。

東アジア世界において紙は交易品の一つであった。豊富な原材料を背景とした質の高い和紙は、中国や朝鮮半島でも高い評価を受けていたが、一方で、日本にも中国や朝鮮半島から紙が輸入され、記す内容に応じた使い分けがなされていたのである。

読書ガイド

古代アジアの漢字文化という大きな問題のなかで、本書で取り上げることのできたテーマは、ごく一部に過ぎない。さらに広く、あるいは深く学ぶための手引きとして、近年刊行された書籍の中から比較的安価で入手しやすいものを中心に紹介する。

- 国立歴史民俗博物館編『文字がつなぐ―古代の日本列島と朝鮮半島―』同館　二〇一四年
- 国立歴史民俗博物館・平川南編『古代日本と古代朝鮮の文字文化交流』大修館書店　二〇一四年

前者は本書のもととなったフォーラム開催の時期に国立歴史民俗博物館にて開催した企画展示の図録。展示資料を紹介しつつ、二九のコーナーごとに最新の研究状況を踏まえた解説を付す。後者はその準備企画として二〇一二年に開催された国際シンポジウムをもとにまとめた書である。なお、それ以前のシンポジウム記録として、平川南編『古代日本の文字世界』大修館書店　二〇〇〇年、同編『古代日本　文字の来た道』大修館書店　二〇〇五年、があり、併読することによってここ十数年間の研究の歩みを読み取ることができる。漢字文化を核とした東アジア文化圏の形成については、李成市『東アジア文化圏の形成』山川出版社　二〇〇〇年、が基本となる。

・田中史生『越境の古代史―倭と日本をめぐるアジアンネットワーク』ちくま新書　二〇〇九年
今や日本古代史（だけではないが）を考えるためには日本列島内のことだけを見ていればよいという時代ではなくなっている。そしてそれは国単位の交流にとどまるものでもなかった。倭・日本をとりまく様々な越境的ネットワークの姿を描き出す。

・市大樹『飛鳥の木簡―古代史の新たな解明』中公新書　二〇一二年
木簡と言えばながらく平城宮のイメージであったが、一九九〇年代後半以降、飛鳥時代の木簡の出土例が増加し、これまで『日本書紀』に頼らざるを得なかった七世紀史の解明が進んでいる。そしてそれとともに朝鮮半島の文字文化とのつながりも浮かび上がってきた。こうした研究成果を本書は生き生きと描き出す。木簡学会編『木簡から古代がみえる』岩波新書　二〇一〇年、では、近年の木簡をめぐる様々な研究状況が紹介されている。出土文字資料全般についての概略は、鐘江宏之『地下から出土した文字』山川出版社　二〇〇七年、がわかりやすい。平川南『出土文字に新しい古代史を求めて』同成社　二〇一四年、では出土文字資料の分析によって明らかになった古代地方社会の具体像が語られる。

・犬飼隆『漢字を飼い慣らす―日本語の文字の成立史』人文書館　二〇〇八年
漢字という外国語の文字を日本語に適用し、さらに「飼い慣らし」て「品種改良」され、仮名が生まれるまでを論じる。その漢字は朝鮮半島を経由して伝わったものであり、朝鮮半島における「実験」の上に日本列島における漢字使用が始まったのである。著者には他に『木簡による日本語書記史』増訂版　笠間

書院　二〇一一年、等もある。東アジア文化圏における漢文訓読の歴史については、金文京『漢文と東アジア』岩波新書　二〇一〇年、参照。

・小林芳規『角筆のひらく文化史―見えない文字を読み解く』岩波書店　二〇一四年
とがった棒で紙をへこませて文字や符号を記す角筆《かくひつ》。この角筆の調査が進んだことによって、日本国内に存在する仏教経典のなかに新羅語が書き込まれた古代新羅経が存在していたことが明らかになった。角筆研究の第一人者である著者によって、発見の経緯やその意義が語られる。

・丸山裕美子『正倉院文書の世界―よみがえる天平の時代』中公新書　二〇一〇年
公文書から写経文書、さらには流出文書まで、バラエティに富んだ正倉院文書の世界をわかりやすく解説する。実際に正倉院文書を研究してみようという人には、専門的入門書として、栄原永遠男『正倉院文書入門』角川叢書　二〇一一年、がお勧め。

・『第五十四回正倉院展目録』奈良国立博物館　二〇〇二年
東大寺の宝物庫であった正倉院には聖武天皇や光明皇后に関わる八世紀の宝物が多く収蔵されているが、毎年秋には奈良国立博物館にて正倉院展が開催され、その一部を目にすることができる。二〇〇二年は東大寺大仏の開眼より数えて一二五〇年目にあたることから、大仏開眼会に関わる宝物が多数出陳されたが、ちょうどそのときには新羅使節団が来日して参拝していることから、新羅交易に関する宝物もあわせ展示された。新羅からもたらされた色氈《しきせん》（フェルト状の敷物）や佐波理《さはり》加盤（銅合金で作られたかさね鋺）・墨などである。東野治之「新羅交易と正倉院宝物」も収録。なお、二〇〇六年には新羅写経、二〇一四年には新羅使との交易に関わる文書（買新羅物解）が出陳されている。正倉院宝物の全体像について知りたい場合には、杉本一樹『正倉院』中公新書　二〇〇八年、や米田雄介『奇蹟の正倉院宝物』角川選書　二〇一〇年、がある。

小倉　慈司

古代東アジア文字文化交流史年表

年代	日本列島	年代	朝鮮半島・中国
		前108	前漢、楽浪郡等４郡を設置 →朝鮮半島に漢字文化流入
		前45	楽浪郡初元４年県別戸口統計簿
		前1C後半	韓国昌原市茶戸里（タホリ）１号墳に筆と削刀が埋納
57	後漢の光武帝が倭の奴国王に金印を授ける		
2C後半	『後漢書』にこの頃倭国大乱と記される		
184頃	東大寺山古墳出土「中平」銘鉄刀	189	公孫度、後漢の遼東太守に任じられ、まもなく自立
2C以降	土器に文字が刻まれるようになる	220	後漢滅亡→魏・呉・蜀の三国時代
239	邪馬台国の卑弥呼が魏に遣使	238	魏が公孫氏政権を滅ぼす
		280	西晋が中国を再統一
		313	楽浪郡・帯方郡滅亡
369？	百済王、倭王に七支刀を贈る（泰和４＝太和４）	371	百済、高句麗を攻撃し故国原王を破る
		4C後半	前秦より高句麗に、東晋より百済に仏教伝来
400頃	応神天皇の代に百済より王仁が渡来し典籍を伝えたとの伝承	404	高句麗の広開土王が倭を破る
421	倭の五王が中国南朝に朝貢（～478年）	414	高句麗の長寿王が広開土王碑を立碑
5C半ば	市原市稲荷台１号墳出土「王賜」銘鉄剣	427	高句麗の長寿王、国内城より平壌に遷都
471	埼玉稲荷山古墳出土「辛亥年」銘鉄剣	5C後半	新羅慶州金冠塚出土「尔斯智王」銘環頭大刀
477-478	倭王武、宋に遣使	475	百済、高句麗の攻撃を受け漢城（現ソウル）を放棄、熊津遷都
5C末	和田山23号墳出土「未」「二年」銘刻書須恵器		
		501	浦項・中城里碑が立てられる（現存最古の新羅碑）

年代	日本列島	年代	朝鮮半島・中国
		523	百済の武寧王没
		528	新羅の法興王が仏教公認
552頃	百済の聖明王より仏像・仏典が贈られる（仏教公伝）※538年説あり	555頃	新羅の真興王が漢江まで領土を拡大し、北漢山碑を立碑
		561	新羅の真興王が安羅の波斯山に山城を築き、倭に備える
569頃	胆津が白猪屯倉の田部の籍を編成	562	新羅の真興王が加耶を滅ぼし洛東江下流域を制圧
570	元岡古墳群Ｇ６号墳出土「庚寅」銘大刀	589	隋が中国を再統一
600	第１回遣隋使派遣（607年に第２回）	591	新羅において領客府令（倭典の長官職）が置かれる
621	法隆寺釈迦三尊像台座「辛巳年」墨書銘	618	隋が滅び唐が興る
645	乙巳の変にて蘇我氏本宗が滅亡	632	新羅の善徳女王即位（～647年）
663	白村江の戦いで、唐・新羅に敗れる	660	唐・新羅が百済を滅ぼす
670	庚午年籍作成（初めての全国的規模の戸籍）	668	唐が高句麗を滅ぼす
672	壬申の乱	676	新羅が唐を駆逐し旧高句麗南半部および百済領を制圧
		678	禰軍没、禰軍墓誌作成される
689	飛鳥浄御原令、諸司に頒布される	686	新羅僧元暁没
690	持統天皇即位、庚寅年籍作成	690	武則天（則天武后）即位、国号を周と改める（～705年）
701	大宝建元、大宝令施行、遣唐使派遣（翌年入唐）	698	大祚栄が震国王を自称（渤海建国）
710	平城京遷都	713	渤海の大祚栄、唐より「渤海郡王」に封ぜられる
733頃	聖武天皇皇后光明子の五月一日経写経事業開始	727	渤海、初めて日本に遣使、出羽国に来着
752	東大寺大仏開眼供養、新羅使節来日	755	唐にて安史の乱（～763年）

年代	日本列島	年代	朝鮮半島・中国
779	元暁の孫薛仲業が新羅使の一員として来日し淡海三船に出会う	780	新羅の恵恭王が殺される
794	平安京遷都		
804	最澄・空海ら入唐（805年最澄帰国、806年空海帰国）		
835	天台僧円仁入唐（847年新羅船にて帰国）	822	新羅にて金憲昌の乱
844	入唐僧恵蕚が蘇州で『白氏文集』を書写し日本に送る	841	新羅にて張宝高の乱（846年説もあり）
861	渤海使李居正、『加句霊験仏頂尊勝陀羅尼記』を日本にもたらす		
869	陸奥国にて貞観大地震発生（この頃火山噴火、地震相次ぐ）	868	新羅人崔致遠、12歳にて渡唐
905	『古今和歌集』奏上	907	唐滅亡（→五胡十六国時代）
926	醍醐天皇、興福僧寛建の入唐に際し菅原道真らの詩集や小野道風書を持参させる	926	契丹が渤海を滅ぼす
939	平将門が常陸国府を襲撃	936	高麗が朝鮮半島を統一（前年に新羅滅亡）
983	東大寺僧奝然入宋	979	宋が中国を統一
11C初頭	紫式部が『源氏物語』を著す		
1019	刀伊の入寇		
1072	天台僧成尋入宋	1087	初雕版高麗版大蔵経完成（1011年～）
		1131	韓国泰安テソム青磁運搬船木簡
1185	壇ノ浦の戦い	1170	高麗にて武臣政権成立
		13C前半	韓国泰安馬島1号船・2号船木簡・竹札
1221	承久の乱	1231	モンゴルの高麗への侵略開始

図版出典・提供元一覧

漢字文化と渡来人（田中史生）

図1　韓国国立中央博物館所蔵（原品同館所蔵）、国立歴史民俗博物館『古代日本　文字のある風景』二〇〇二年より転載。
図2　国立歴史民俗博物館所蔵（原品福岡市博物館所蔵）。
図3　九州歴史資料館提供、国立歴史民俗博物館『古代日本　文字のある風景』二〇〇二年より転載。
図4　筆者作成。
図5　国立歴史民俗博物館所蔵（原品埼玉県立さきたま史跡の博物館所蔵）。
図6　国立歴史民俗博物館所蔵（原品東京国立博物館所蔵）。
図7　能美市教育委員会所蔵、国立歴史民俗博物館『文字がつなぐ』二〇一四年より転載。
図8　韓国国立加耶文化財研究所所蔵、国立歴史民俗博物館『文字がつなぐ』二〇一四年より転載。

中国秦漢・魏晋南北朝期の出土文字資料と東アジア（安部聡一郎）

図1　筆者作成。
図2　韓国国立中央博物館所蔵、国立歴史民俗博物館『文字がつなぐ』二〇一四年より転載。
図3　筆者作成。
図4　韓国国立羅州文化財研究所所蔵。
図5　国立歴史民俗博物館所蔵（原品宮内庁正倉院事務所所蔵）。

古代韓国の木簡文化と日本木簡の起源（李　京燮）

図1　韓国木簡学会『木簡と文字』3、二〇〇九年より転載。
図2　韓国木簡学会『木簡と文字』4、二〇〇九年より転載。
図3　朝鮮古蹟研究会『楽浪彩篋冢』一九三四年より転載。
図4　韓国国立慶州文化財研究所所蔵、『月城垓子発掘調査報告書』Ⅱ（考察）二〇〇六年より転載。
図5　韓国国立慶州文化財研究所所蔵、『月城垓子発掘調査報告書』Ⅱ（考察）二〇〇六年より転載。
図6　韓国国立扶余博物館所蔵、国立扶余博物館・国立加耶文化財研究所『木のなかの暗号　木簡』二〇〇九年より転載。
図7－1　韓国国立扶余博物館所蔵、国立扶余博物館・国立加耶文化財研究所『木のなかの暗号　木簡』二〇〇九年より転載。
図7－2　韓国国立扶余博物館所蔵、国立扶余博物館・国立加耶文化財研究所『木のなかの暗号　木簡』二〇〇九年より転載。
図7－3　韓国国立扶余博物館所蔵、国立扶余博物館・国立加耶文化財研究所『木のなかの暗号　木簡』二〇〇九年より転載。
図8－1　国立扶余博物館・国立加耶文化財研究所『木のなかの暗号　木簡』二〇〇九年より転載。
図8－2　韓国国立扶余博物館所蔵、国立扶余文化財研究所『扶余官北里百済遺蹟発掘報告書』Ⅲ、二〇〇九年より転載。
図8－3　韓国国立加耶文化財研究所所蔵、国立扶余博物館・国立加耶文化財研究所『木のなかの暗号　木簡』二〇〇九年より転載。
図8－4　韓国国立慶州文化財研究所所蔵、国立扶余博物館・国立加耶文化財研究所『木のなかの暗号　木簡』二〇〇九年より転載。

古代の「村」は生きている（平川　南）

図1　日本古典文学大系『風土記』岩波書店、一九五八年より転載。
図2　『諸本集成倭名類聚抄』臨川書店、一九八一年より転載。
図3　平川南「古代史の窓―古代の村とは」上、『山梨日日新聞』二〇一四年八月二八日、挿図。
図4　平川南「古代の窓―古代の村とは」下、『山梨日日新聞』二〇一四年八月二九日、挿図。
図5　新潟県埋蔵文化財調査報告書二五四『箕輪遺跡』Ⅱ、二〇一五年より転載。
図6　図4に同じ。
図7　国立歴史民俗博物館所蔵（原品石川県埋蔵文化財センター所蔵）。
図8　長野県立歴史館所蔵、長野県埋蔵文化財センター『長野県屋代遺跡群出土木簡』一九九六年より転載。
図9　浜松市博物館所蔵。
図10　図7に同じ。
図11　平川南「出土文字資料からみた加茂遺跡の歴史的意義」津幡町教育委員会『加茂遺跡―詳細分布調査（第1〜21調査区）発掘調査報告書』二〇一二年より転載、一部加筆。
図12　津幡町教育委員会所蔵。
図13　進藤秋輝編『東北の古代遺跡　城柵官衙と寺院』高志書院、二〇一〇年より転載、伊藤博幸作図。
図14　新潟県立歴史博物館編『越後佐渡の古代ロマン――行き交う人々の姿を求めて――』二〇〇四年より転載。
図15　進藤秋輝編『東北の古代遺跡　城柵官衙と寺院』高志書院、二〇一〇年より転載。
図16　財団法人茅ヶ崎市文化・スポーツ振興財団『神奈川県茅ヶ崎市　本村居村A遺跡（第6次）本村居村B遺跡（第4次）』二〇一三年より転載。
図17　財団法人茅ヶ崎市文化・スポーツ振興財団『神奈川県茅ヶ崎市　本村居村A遺跡（第6次）本村居村B遺跡（第4次）』二〇一三年より転載。
図18　平川南「古代史の窓―「村」は生きている」下、『山梨日日新聞』二〇一四年九月二五日、挿図。

図19　千葉県印旛郡栄町教育委員会所蔵、国立歴史民俗博物館『古代日本　文字のある風景』二〇〇二年より転載。
図20　財団法人印旛郡市文化財センター発掘調査報告書61『千葉県印旛郡栄町龍角寺五斗蒔瓦窯跡』一九九七年より転載。

文字がつなぐ古代東アジアの宗教と呪術（三上喜孝）

図1　韓国国立慶州文化財研究所蔵、国立歴史民俗博物館『文字がつなぐ』二〇一四年より転載。
図2　韓国国立中央博物館所蔵、国立歴史民俗博物館『文字がつなぐ』二〇一四年より転載。
図3　韓国国立文化財研究所所蔵、国立歴史民俗博物館『文字がつなぐ』二〇一四年より転載。
図4　關尾史郎『もうひとつの敦煌』高志書院、二〇一一年より転載。
図5　国立歴史民俗博物館所蔵（原品袖ケ浦市郷土博物館所蔵）。
図6　長井市・長井市教育委員会『台遺跡　発掘調査報告書』二〇一五年より転載。
図7　小林芳規解題・石塚晴通索引『古辞書音義集成　第一巻』汲古書院、一九七八年より転載。
図8　川西町埋蔵文化財調査報告書『道伝遺跡　発掘調査報告書』川西町教育委員会、一九八一年より転載。
図9　『竜龕手鑑』（元和古活字版）。
図10　奈良国立博物館所蔵。

正倉院文書の世界（仁藤敦史）

図1　松田菜穂子作画。
図2　松田菜穂子作画。
図3　国立歴史民俗博物館所蔵。
図4　遠藤慶太原案、松田菜穂子作画。
図5　遠藤慶太原案、松田菜穂子作画。

図6 遠藤慶太原案、松田菜穂子作画。
図7 遠藤慶太原案、松田菜穂子作画。
図8 遠藤慶太原案、松田菜穂子作画。

沈没船木簡からみる高麗の社会と文化（橋本 繁）

図1 武田幸男編『朝鮮史』山川出版社、二〇〇〇年、一七三頁の図を一部改変。
図2 韓国国立海洋文化財研究所所蔵、文化財庁・国立海洋文化財研究所『泰安テソム水中発掘調査報告書 高麗青磁宝物船』二〇〇九年より転載。
図3 筆者作成。
図4 韓国国立海洋文化財研究所所蔵、『泰安馬島一号船』二〇一〇年より転載。
図5 韓国国立海洋文化財研究所所蔵、『泰安馬島二号船』二〇一一年より転載。
図6 韓国国立海洋文化財研究所所蔵、『泰安馬島三号船』二〇一二年より転載。
図7 韓国国立海洋文化財研究所所蔵、『泰安馬島三号船』二〇一二年より転載。
図8 韓国国立海洋文化財研究所所蔵、『泰安馬島三号船』二〇一二年より転載。
図9 韓国国立慶州博物館所蔵、国立歴史民俗博物館『文字がつなぐ』二〇一四年より転載。

資料からみた日本列島と朝鮮半島のつながり（小倉慈司）

図1 国立歴史民俗博物館所蔵。
図2 東京文物製作。
図3 国立歴史民俗博物館所蔵。
図4 国立歴史民俗博物館所蔵（原品高崎市教育委員会管理）。
図5 国立国会図書館所蔵。

図6　国立歴史民俗博物館所蔵（原品笠石神社所蔵）。
図7　国立歴史民俗博物館所蔵。
図8　国立歴史民俗博物館所蔵。

おわりに

本書は、古代東アジア世界における漢字文化の伝播とそれがもたらした諸地域における交流の歴史について、いくつかのテーマを取り上げ、最新の研究成果を紹介したものである。

木簡や石碑といった一九九〇年代以降の韓国における古代文字史料の増加は、日本古代史の世界にも大きな転換をもたらした。一九九六年の木簡学会研究集会で李成市氏が「韓国出土の木簡について」という報告を行ったのをきっかけに、朝鮮半島の文字資料に対する日本史研究者の関心が高まり、二〇〇二年に国立歴史民俗博物館にて開催された企画展示「古代日本　文字のある風景」では、韓国出土木簡が初めて日本において展示された。その後、韓国や国内の研究機関との研究協力・学術交流が積み重ねられ、二〇一〇年より国立歴史民俗博物館共同研究「古代における文字文化形成過程の総合的研究」が発足することとなる。編者が国立歴史民俗博物館に籍を移したのはちょうどそれと同時であった。それまでこうした研究動向とは遠いところに身を置いていた編者にとって、研究の過程で接することすべてが新知見であったが、多くの方々の協力を得て、なんとか二〇一四年には研究の成果報告として国際企画展示「文字がつなぐ――古代の日本列島と朝鮮半島――」展を開催することができた。展示の内容については展示図録を参照願いたいが、この展示の会期中に、展示への理解を深め、かつ展示で取り上げることのできなかった中国地域も含めて、幅広く古代東アジアの文字文化交流の流れを追いたいという意図から開催したのが、本書のもととなった歴博フォーラムである。共同研究・展示プロジェクトのメンバーから六名の方にお願いし、加えて新進気鋭の研究者である李京燮氏に韓国史からみた木簡をテーマに語っていただいた。今回の刊行にあたっては、改めて稿を起こしまとめ直していただいている。以下、収録された各論考について簡単に説明を加えたい。

田中史生「漢字文化と渡来人――倭国の漢字文化の担い手を探る――」は、朝鮮半島への漢字文化の流入、さらに日本列島への伝来と以後、八世紀にいたるまでの変遷について、文化の担い手に着目しつつ論じる。本書の総論的内容といえ、中国系人士層が果たした役割など、文化伝播の背後に存在した人々や国家・社会の動きをダイナミックに描き出す。

次の安部聡一郎「中国秦漢・魏晋南北朝期の出土文字資料と東アジア」では、中国から朝鮮半島への文字文化の伝播・受容について、戸籍関係資料を素材として取り上げ、検討を加える。戸籍制度は「戸」という小集団を単位にして人々を把握する制度であるが、古代中国で生まれて朝鮮半島・日本列島に伝来し、前近代東アジア社会に大きな影響を与えた。ちなみに『日本書紀』では「籍」字に「フムタ」などの古訓がみられ、最初期の日本の戸籍は「フミイタ（文板）」すなわち木の板に記されたものであったのではないかとの推測がある。

李京燮「古代韓国の木簡文化と日本木簡の起源」では、古代朝鮮半島の木簡文化を紹介し、百済と新羅の相違点、さらにそれが日本の木簡文化へ与えた影響を考察する。残念ながら本書では紙幅の都合からごくわずかな木簡の図版しか掲載することができなかったが、興味を持たれた方は、たとえば国立歴史民俗博物館展示図録『文字がつなぐ――古代の日本列島と朝鮮半島――』（二〇一四年）などを参照していただきたい。また日本語による専門研究書としては、本稿の翻訳者（橋本繁）によって『韓国古代木簡の研究』（吉川弘文館、二〇一四年）が刊行されている。

平川南「古代の「村」は生きている」では、木簡や墨書土器・刻書土器といった出土文字資料を活用することによって、律令などによる行政制度としては位置づけられなかった「村」の姿が具体的に描き出される。なお、正倉院に伝来した『華厳経論帙（『華厳経論』という経典の帙）』の布心に貼られていた反故紙（新羅村落文書）には、七世紀末の新羅に存在した村についての記録が記されており、新羅社会の村の様子をうかがい知ることができる。

三上喜孝「文字がつなぐ古代東アジアの宗教と呪術」では、まじないや呪術面における文字表現に注目して東アジア文字文化の広がりが紹介される。まじないの言葉「急急如律令」も中国に端を発して朝鮮半島・日本列島に広がった呪的表現であるが、そうした言葉だけでなく、天地を逆に書いたり朱で書いたりするというような作法においても、関係性を見て取ることができる。当たり前ではあるが、文字文化とは「文字」だけのことではないのである。

仁藤敦史「正倉院文書の世界――公文と帳簿――」は、正倉院に伝来した正倉院文書、そして国立歴史民俗博物館で行っている正倉院文書複製事業を解説する。正倉院文書により、行政文書や帳簿といった、史書・出土文字資料とは異なる古代文書の世界が浮かび上がる。前後の時代に比べ奈良時代の社会がより明らかにされているのは、正倉院文書のおかげといっても過言ではない。正倉院文書は韓国の学界でも注目されており、日本で二〇一一年に出版された栄原永遠男『正倉院文書入門』（角川叢書）は、早くもその翌年に韓国語訳が刊行された。そして二〇一五年には正倉院文書正集複製のカラーデジタル画像が国立歴史民俗博物館にて公開され（来館利用）、東京大学史料編纂所ウェブサイトにて正倉院文書マルチ支援データベースSHOMUSの公開が開始された。こうして難解とされてきた正倉院文書の研究環境も徐々に整備が進められつつある。

橋本繁「沈没船木簡からみる高麗の社会と文化」では、十二世紀から十三世紀にかけての高麗時代の沈没船から引き揚げられた木簡（竹札を含む）が紹介される。副葬品として納められたり伝世したごく一部の例外を除き、大部分の木簡は廃棄された形で出土するが、海中に沈んだ沈没船から発見される木簡は、荷札として実際に使用されていたときの状態を伝えているという点において大きな意味を持ち、また文字表記や社会経済史的にも重要な資料である。この後、二〇一五年にはさらに十五世紀の沈没船木簡が発見されているという。韓国史のみならず日本の歴史を解明するうえでも注目される。

最後に、小倉慈司「資料からみた日本列島と朝鮮半島のつながり」では、以上の論考のなかで取り上げられなかった事柄から数例をピックアップし、四〜五世紀から十一世紀にかけての日韓両地域の交流を示す資料を紹介することとした。もちろんこれとてもごく一部を取り上げたに過ぎず、とてもすべてを網羅することはできないのだが、東アジア世界における文字文化交流の重要性は理解していただけたのではなかろうか。

一口に文字を使うといっても、様々な段階が考えられるのだが、大切なことは、どの段階にせよ、字書が伝われば文字が広まるというような話ではなく、社会や人々の必要性のうえに文字の伝播や学習・活用が行われたという点である。そしてそこには、個々の人と人との接触・交流の積み重ねが存在した。「文字がつなぐ」という展示名称（二〇一四年、国立歴史民俗博物館開催）にはそうした意味が込められている。韓国における出土文字資料の増加が背景にあったにせよ、今の日本古代史に求められているものであるからこそ、こうした文字文化交流の研究が活発化したのであろう。この間、日本語による韓国木簡の集成も刊行されるようになってきており（早稲田大学朝鮮文化研究所編『韓国出土木簡の世界』雄山閣　二〇〇七年、同所・韓国国立加耶文化財研究所編『咸安城山山城木簡』雄山閣　二〇〇九年、ほか）、日本の研究者が日本の資料と同じように気軽に韓国の出土文字資料を使いこなせるようになるのも、それほど遠い先のことではないであろう。

そうしたことに思いを馳せつつ、本書を通して、文字文化、そして日本古代史、東アジア交流史への関心を深めていただければ幸いである。多くの人たちに関心を持っていただくこと、それが新たな研究の進展にもつながっていくことになる。

なお、本書を成すにあたっては「文字がつなぐ」展示プロジェクトメンバーを始め多くの方々からご教示を仰いでいるが、なかでも写経所帳簿の理解については特に栄原永遠男・杉本一樹・遠藤慶太各氏のご助力を得た。記して謝意を表したい。

二〇一五年十二月

小倉慈司

執筆者紹介（執筆順・編者は除く）

田中史生（たなか・ふみお）
一九六七年生まれ。関東学院大学経済学部教授。主要論著『越境の古代史』（ちくま新書、二〇〇九年）、『国際交易と古代日本』（吉川弘文館、二〇一二年）等。

安部聡一郎（あべ・そういちろう）
一九七五年生まれ。金沢大学人間社会研究域歴史言語文化学系准教授。主要論著「典田掾・勧農掾の職掌と郷─長沙呉簡中所見「戸品出銭」簡よりみる─」（關尾史郎編『湖南出土簡牘とその社会』汲古書院、二〇一五年）、「三世紀中国の政治・社会と出土文字資料」（『歴史評論』七六九号、二〇一四年）等。

李　京燮（LEE, Kyoungsup）
一九七二年生まれ。慶熙大学校人文学研究院学術研究教授。主要論著『新羅木簡の世界』（韓国語）景仁文化社、二〇一三年）、「新羅木簡文化の展開と特性」（韓国語）『民族文化論叢』五四、二〇一三年）等。

平川　南（ひらかわ・みなみ）
一九四三年生まれ。人間文化研究機構理事、山梨県立博物館館長。主要論著『全集日本の歴史2日本の原像』（小学館、二〇〇八年）、『出土文字に新しい古代史を求めて』（同成社、二〇一四年）等。

三上喜孝（みかみ・よしたか）
一九六九年生まれ。国立歴史民俗博物館准教授。主要論著『日本古代の文字と地方社会』（吉川弘文館、二〇一三年）、『落書きに歴史をよむ』（吉川弘文館、二〇一四年）等。

仁藤敦史（にとう・あつし）
一九六〇年生まれ。国立歴史民俗博物館教授、総合研究大学院大学文化科学研究科教授。主要論著『古代王権と都城』（吉川弘文館、一九九八年）、『古代王権と支配構造』（吉川弘文館、二〇一二年）等。

橋本　繁（はしもと・しげる）
一九七五年生まれ。早稲田大学等非常勤講師。主要論著『韓国古代木簡の研究』（吉川弘文館、二〇一四年）、「中古新羅築城碑の研究」（『韓国朝鮮文化研究』十二号、二〇一三年）等。

古代東《こだいひがし》アジアと文字文化《もじぶんか》

■編者略歴■

小倉　慈司（おぐら・しげじ）

1967年　東京都生まれ。

1995年　東京大学大学院人文社会系研究科単位修得退学。

1996～2010年　宮内庁書陵部編修課勤務。

2010年～　国立歴史民俗博物館准教授、総合研究大学院大学文化科学研究科准教授。

〔主要論著〕

『続神道大系　朝儀祭祀編　一代要記』１～３（共同校注　神道大系編纂会　2005～2006年）、『天皇の歴史09　天皇と宗教』（共著　講談社　2011年）、展示図録『文字がつなぐ―古代の日本列島と朝鮮半島―』（編　国立歴史民俗博物館　2014年）ほか。

2016年3月1日発行

編　者　国立歴史民俗博物館
　　　　小　倉　慈　司
発行者　山　脇　洋　亮
印　刷　亜細亜印刷㈱
製　本　協栄製本㈱

発行所　㈱同成社
東京都千代田区飯田橋4-4-8
（〒102-0072）東京中央ビル
TEL 03-3239-1467　振替 00140-0-20618

ISBN978-4-88621-718-9 C1021

出土文字に新しい古代史を求めて

平川南著

四六判・二三六頁・本体二五〇〇円

全国各地の遺跡から出土した土器や瓦、木簡、漆紙文書、あるいは石碑などに記された文字資料を丹念に解読し、文献史料を中心に解釈されてきた日本古代史像を新たな視点から見つめなおす。

〔本書の主な目次〕

同成社の古代史関連書籍

古代日本と朝鮮半島の交流史

［市民の考古学13］

西谷正著

四六判・一九二頁・本体一八〇〇円

旧石器時代から奈良時代、統一新羅・渤海時代にかけての日朝間交流の有り様を、考古学の成果を中心に北東アジア史的視座のもと解説する。

出土文字資料と古代の東国

［ものが語る歴史28］

高島英之著

A5判・三二二頁・本体六四〇〇円

絵画表現を含む墨書土器や漆紙文書等の出土文字資料について、歴史的性質を丹念に確定し、資料の背後に潜む古代社会像総体の解明を目指す。

同成社古代史選書（A5判）

①古代瀬戸内の地域社会

松原弘宣著　三五四頁・本体八〇〇〇円

律令国家の地方行政制度のなかに瀬戸内地域はどのように組み込まれていったのか。大化前代から各地を支配した地方豪族に焦点をあて、文献史料と考古資料からその実態を解明する。

②天智天皇と大化改新

森田悌著　二九二頁・本体六〇〇〇円

乙巳の変を断行した中大兄皇子を基軸に、大化から天智天皇朝にかけての政治改革および死後の天智天皇の評価などについて、原典史料に立ち返り丁寧に解読することで納得のゆく歴史像を提示。

③古代都城のかたち

舘野和己編　二三八頁・本体四八〇〇円

古代日本・中国の都城についてその形態や機能、空間構造、統治制度、理念、都城観、仏教との関わり、地方都市への影響などさまざまな問題を通して古代都城の特質に迫る。

④平安貴族社会

阿部猛著　三三〇頁・本体七五〇〇円

貴族の生活を支える経済基盤や国司制度の実態、菅原道真と天神信仰など、多彩な史料から貴族の政治・社会的諸相を描き出す。付編として三善清行「意見十二箇条」の詳細な注解を収録。

⑤地方木簡と郡家の機構

森公章著　三四六頁・本体八〇〇〇円

出土例が増加している多彩な木簡の分析や文献史料をふまえながら、郡家の人的構成・施設のありかたなどの具体像を明らかにしつつ、古代律令制国家による地方支配の実像に迫る。